I0018532

BEI GRIN MACHT SICH IHR WISSEN BEZAHLT

- Wir veröffentlichen Ihre Hausarbeit,
  Bachelor- und Masterarbeit

- Ihr eigenes eBook und Buch -
  weltweit in allen wichtigen Shops

- Verdienen Sie an jedem Verkauf

Jetzt bei www.GRIN.com hochladen und kostenlos publizieren

Sandro Eggenberger

Marketing-Strategie bezüglich Engineered Systems und Appliances

GRIN Verlag

Bibliografische Information der Deutschen Nationalbibliothek:

Die Deutsche Bibliothek verzeichnet diese Publikation in der Deutschen National-
bibliografie; detaillierte bibliografische Daten sind im Internet über http://dnb.d-
nb.de/ abrufbar.

Dieses Werk sowie alle darin enthaltenen einzelnen Beiträge und Abbildungen
sind urheberrechtlich geschützt. Jede Verwertung, die nicht ausdrücklich vom
Urheberrechtsschutz zugelassen ist, bedarf der vorherigen Zustimmung des Verla-
ges. Das gilt insbesondere für Vervielfältigungen, Bearbeitungen, Übersetzungen,
Mikroverfilmungen, Auswertungen durch Datenbanken und für die Einspeicherung
und Verarbeitung in elektronische Systeme. Alle Rechte, auch die des auszugsweisen
Nachdrucks, der fotomechanischen Wiedergabe (einschließlich Mikrokopie) sowie
der Auswertung durch Datenbanken oder ähnliche Einrichtungen, vorbehalten.

Impressum:

Copyright © 2012 GRIN Verlag GmbH
Druck und Bindung: Books on Demand GmbH, Norderstedt Germany
ISBN: 978-3-656-89543-5

Dieses Buch bei GRIN:

http://www.grin.com/de/e-book/289211/marketing-strategie-bezueglich-engineered-
systems-und-appliances

GRIN - Your knowledge has value

Der GRIN Verlag publiziert seit 1998 wissenschaftliche Arbeiten von Studenten, Hochschullehrern und anderen Akademikern als eBook und gedrucktes Buch. Die Verlagswebsite www.grin.com ist die ideale Plattform zur Veröffentlichung von Hausarbeiten, Abschlussarbeiten, wissenschaftlichen Aufsätzen, Dissertationen und Fachbüchern.

Besuchen Sie uns im Internet:

http://www.grin.com/

http://www.facebook.com/grincom

http://www.twitter.com/grin_com

Marketing-Strategie

Marketing-Strategie bezüglich
Engineered Systems und Appliances
für die Firma Tradeware

Diplomarbeit
Höhere Fachschule für Wirtschaftsinformatik

Verfasser:
Sandro Eggenberger

Eingereicht:
Zürich, 29.08.2012

An der:
Wirtschaftsinformatikschule Schweiz

I.   Vorwort

Es ist mir eine grosse Freude, dass Sie meine Arbeit in den Händen halten. Offenbar stösst die von mir gewählte Thematik auf Interesse. Das Thema ‚Engineered-Systems und Appliances' ist in der aktuellen IT-Diskussion noch nicht omnipräsent. Die vorliegend erörterte Thematik stellt eine meines Erachtens ideale Mischung zwischen den beiden Bereichen IT und BWL dar, zumal diese beiden Disziplinen meiner Studienrichtung ‚Wirtschaftsinformatik' Rechnung tragen.

Die vergangenen Monate, die ich den vorliegenden Gedanken widmete, waren eine spannende und inspirierende Zeit für mich.

Ein besonderer Dank für die Unterstützung geht dabei in erster Linie an den Promotor Janos Horvath. Des Weiteren möchte ich mich bei den folgenden drei Personen bedanken, die sich die Zeit genommen haben, mit mir ein Interview durchzuführen: Markus Schäublin, S.P. und P.B. Diese Interviews haben mir viele Inputs und Anregungen gebracht. Zudem möchte ich mich bei Cynda Spöri, Juliane Hänggi und allen Beteiligten bedanken, die mir bei der Fertigstellung der Arbeit tatkräftig zur Seite standen.

Aus Gründen der Vereinfachung und Lesbarkeit wird in der vorliegenden Diplomarbeit die männliche Form verwendet. Die getroffenen Aussagen gelten aber immer gleichzeitig für Männer und Frauen.

Nun wünsche ich eine spannende und aufschlussreiche Lektüre.

Zürich, im August 2012
Sandro Eggenberger

II. Abstract

Die IT-Infrastruktur verändert sich in rasantem Tempo. Appliances und Engineered Systems nehmen mehr und mehr Einzug in die Rechenzentren. Die Firma Tradeware hat ihre Unternehmensstrategie auf diese Systeme ausgerichtet, jedoch lassen sich diese Systeme nicht einem Standard-Server gleich verkaufen. Eine Appliance ist gewissermassen eine Box, in der bereits alles schon konfiguriert ist. Demgegenüber weist ein Engineered-System Appliances-Komponenten auf, lässt sich jedoch im Gegensatz zur Appliance noch ausbauen. Diese Systeme haben bislang die IT-Strategie oder die Plattformstrategie der Kunden nicht geändert, dieses aber kann in den nächsten Jahren möglich sein.

Mit Rückgriff auf den Marketing-Management-Prozess wurde eine Marketing-Strategie für die Firma Tradeware entwickelt, damit diese Systeme breitflächig und gewinnbringend verkauft werden können. Ein Anbieter bzw. Verkäufer dieser Systeme muss ihre Einsatzmöglichkeiten kennen. Mittels verschiedener Marketing-Massnahmen wie Messpakete, Machbarkeitsstudien sowie Kunden-Events ist es möglich, die potentielle Kundschaft von der Performance und Wirtschaftlichkeit dieser Systeme zu überzeugen.

Um die genannten Marketing-Massnahmen umsetzen zu können, wäre die Geschäftsleistung dazu angehalten, ein Marketing-Budget von CHF 82'180 zu genehmigen. Unter dieser Voraussetzung sollte es möglich sein, innert 12 bis 14 Monaten einen Mehrumsatz von 30% (CHF 300'000) zu erzielen und einen bis zwei neuen Kunden hinzuzugewinnen. Spätestens dann, so die Hypothese, werden diese Marketing-Massnahmen ihre Wirkung entfaltet haben, so dass breitflächig auf Appliances und Engineered-Systeme zurückgegriffen werden kann.

III. Inhaltsverzeichnis

IV. Verzeichnis der verwendeten Abkürzungen

AIDA	Attention Interest Desire Action
bzw.	beziehungsweise
CEO	Chief Executive Officer
CFO	Chief Financial Officer
CIO	Chief Information Officer
CPU	Central Processinng Unit
ERP	Enterprise Resource Planning
KPI	Key Performance Indicator
OLTP	Online-Transaction-Processinng
PoC	Proof of Concept
RAID	Redundant Array of Independent Disks
sinng.	sinngemäss
SWOT	Strengths, Weaknesses, Opportunities, und Threats
u.a.	unter anderem; unter anderen
z.B.	zum Beispiel

1 Einleitung

Die Informatik ist bei den meisten Firmen die Kernaktivität, deren Herzstück gewissermassen. Man könnte sagen: Ohne Informatik keine Herzaktivität. Die Informatik gewährleistet im weitesten Sinne die Kommunikation. Damit ist die Informationstechnik (IT) bei den meisten Unternehmen ein zentraler Punkt. Um den Erfolg einer Informatik zu sichern, benötigt jedes Unternehmen, das ein grösseres Informatiksystem einsetzt, eine klare Strategie. Mittels einer professionellen IT lassen sich Lösungen und Produkte besser fokussieren und weiterentwickeln. Laut Marktforschung werden weltweit jedes Jahr zwei bis drei Trilliarden US-Dollars in Informationstechnologien investiert. Jedoch gelingt es den wenigstens Unternehmen, das volle Potential dieser Investition auszuschöpfen.[sinng. Crameri, 2010, S. VI ff]

1.1 Firmenportrait der Firma Tradeware

Die Firma Tradeware wurde im Umfeld der Interbank-Systeme im Jahr 1990 gegründet [tradeware.ch1]. Tradeware ist eine der führenden IT-Anbieter von IT-Infrastruktur mit Server-, Storage-, Software- und Archiv-Lösungen. Neben der neu gegründeten Violin Memory-Partnerschaft 2012 ist, die Firma Tradeware seit 2010 Oracle-Platinum-Partner. Mittlerweile beschäftigt die Firma Tradeware 10 Personen. [Stand 5. Mai 2012] Der Hauptsitz der Firma Tradeware liegt in Thalwil.

Zu den Kerngeschäften von Tradeware gehören Verkäufe und Vermietungen von Hard- und Software sowie von Exadata-Systemen. Tradeware leistete Pionierarbeit und kaufte als erste Schweizer Reseller[1] Firma ein Exadata, welches als Testumgebung von Kunden genutzt werden konnte. Dieses Exadata wurde nach einem Jahr weiterverkauft, und Tradeware schaffte sich ein grösseres System für Testzwecke an. Durch diesen frühen Kauf konnte eine Spezialisierung im Bereich Exadata aufgebaut werden, die sich im Oracle-Umfeld etabliert hat. Der Verkauf von Servern ist immer noch das Haupt-Business der Firma Tradeware AG, jedoch werden auch Dienstleistungen im Bereich Infrastruktur, Systeme, Storage und Projektsupport[2] angeboten. Die Service-Übersicht wird anhand der Abbildung 1-1 aufgezeigt.

---

[1] Reseller bedeutet Widerverkäufer bzw. Vertriebspartner

[2] Projektsupport bedeutet Projektunterstützung

Projekt Support
„Helping-Hands" für die Umsetzung
Projekt Management / GU
Dokumentations Support
Exadata Proof of Concept

Infrastruktur
Re-Racking
Re-Racking Exadata
„Helping-Hands" bei Migrationen
Maximum Availability Architecture
Umsetzungen
Remote Managed Services

Storage
Exadata Backup
Backup Analyse
D2D Implementationen
Tiered Strorage Konzepte

Systeme
Stay-Current Systeme
Stay-Current Exadata
Ablieferungspauschale
Solaris 11 Migrations Consulting

Abbildung 1-1: Service Übersicht v1.pdf der Firma Tradeware 2011

1.2 Ausgangslage

Seit über 20 Jahren verkauft die Firma Tradeware Hardware und Software. Dieses Geschäft war gewinnbringend, doch Tradeware realisierte, dass die Margen auf den Produkten fortlaufend sanken und dass sich mit dem Verkauf von Hardware nicht mehr so viel Gewinn wie früher erzielen liess. So nahm auch die Nachfrage nach zusätzlichen Dienstleistungen wie z.b. der Solaris-Installation, die früher in grösserem Umfange erbracht werden konnten, stetig ab.

Aktuell macht sich ein neuer Trend bemerkbar, nämlich derjenige, dass die meisten Hersteller neben den aktuellen Servern und Storages sogenannte Appliances oder auch Enginered-Systeme anbieten. Das heisst, sie bieten eine Hardware- und Software- Vereinigung an, um auf diese Weise ihrer Kundschaft eine optimale Umgebung bereitzustellen. Die vorliegende Arbeit geht im Wesentlichen der Frage nach, welche Veränderungen diese neuen Systeme mit sich bringen und wie sich dieses neue Angebot auf die IT-Strategie der Kunden auswirkt. Die Kernfrage dieser Geschäftsleistung lautet: Wie können diese Systeme besser auf den Markt bzw. an den Kunden gebracht werden? Aktuell arbeitet die Firma Tradeware mit zwei Herstellern zusammen, welche diese Systeme anbieten, es sind dies Oracle und Violin Memory. Es ist jedoch nicht ausgeschlossen, dass auch noch andere Hersteller ins Portfolio mitaufgenommen werden.

1.3 Motivation

Ich habe mich mit Eifer und Elan hinter diese Abschlussarbeit gesetzt. Die von mir gewählte Thematik erscheint mir hochaktuell und höchst spannend, zumal sie mir ermöglichte, einen konkreten Praxisbezug herzustellen und auf diese Weise meinem Arbeitgeber schliesslich einen konzeptionellen Vorschlag mit praxistauglichen Umsetzungsmassnahmen zu unterbreiten.

Die vorliegenden Überlegungen sollen die Bedeutung und Tragweite von Engineered Systems und Appliances für einen Reseller, wie die Firma Tradeware einer ist, aufzeigen. Ich bin seit Beginn meines Studiums vor drei Jahren vollzeitlich für die Firma Tradeware tätig. Diese langjährige Arbeitserfahrung erlaubte es mir nicht nur, mir einen fundierten Überblick über die gesamten Geschäftsfelder der Unternehmung anzueignen, sondern liessen mich darüber hinaus gewisse Problemstellungen innerhalb meiner Firma erkennen. Diese Problemstellungen motivierten mich zu dieser Arbeit, die sich ihrer Analyse und Lösung annimmt.

1.4 Problemstellung

Die Firma Tradeware verfolgt aktuell keine klare Marketing-Strategie. Einen direkten Marketing-Verantwortlichen gibt es derzeit nicht. Marketing-Massnahmen werden nur über die Homepage, über Newsletter oder über Events mit Oracle durchgeführt. Die wenigstens Kunden kennen den Engineered oder Appliance-Ansatz wissen, welche Veränderung dieser Ansatz mit sich führt. Der Strategiefokus der Firma Tradeware ist es auch, andere Produkte als Oracle-Hardware anzubieten. Diese Strategie bedingt allerdings ein Verständnis dafür, was ein Engineered-System oder eine Appliance ist und wie sich ein Angebot dieser Produkte auf den Kunden und damit auch auf Tradeware auswirkt.

Der Kunde muss den Vorteil eines solchen Systems kennen. Um herauszufinden, ob diese Systeme die IT-Strategie verändert haben, muss daher zuerst analysiert werden, in welche Bereiche sich diese Systeme integrieren lassen. Ein Engineered-System oder Appliances können nicht mit Verkäufen von X86[3] Servern verglichen werden, welche für die Firma Tradeware zum Tagesgeschäft gehören. Diese zwei Systeme sind spezifische und individuelle Projekte, deren Verkauf ein hohes Fachwissen aller in das Geschäft involvierten Personen voraussetzt. So muss der Verkäufer den genauen Einsatz der Produkte kennen, ansonsten werden ihm die ausschlaggebenden Argumente fehlen, um den Verkauf dieser Produkte erfolgreich abzu-

---

[3] X86: Prozessor-Architektur, die u.a. von *Intel* entwickelt wurde

schliessen. Es ist unabdingbar, den Einsatz und die Komplexität dieser Systeme zu kennen, bevor – darauf aufbauend – eine Marketing-Strategie festgelegt werden kann.

Bezüglich dieser eben dargelegten Problemstellung drängen sich zwei zentrale Fragen auf, deren Beantwortung Bestandteil der vorliegenden Arbeit ist:

Die erste Frage dreht um das Marketing. Gefragt wird:

- Welche Methoden und Instrumente gibt es, um Engineered-Systeme und Appliances verkaufen zu können, und welche davon eignen sich, um damit auch neue Märkte zu erschliessen?

Die zweite Frage fokussiert die Analyse der IT-Strategie der Kundschaft. Gefragt wird:

- Welchen Einfluss haben Engineered-Systeme bzw. Appliances auf die IT-Strategie der Kundschaft, und welche Auswirkungen hat dieser Einfluss wiederum auf die Reseller?

1.5 Zielsetzung

Die vorliegende Arbeit hat zum Ziel, eine neue Marketing-Strategie für die Firma Tradeware bezüglich Engineered Systems / Appliances zu entwickeln. In dieser Arbeit soll aufgezeigt werden, wo die Unterschiede zu herkömmlichen Servern liegen und welche Veränderungen ein Einsatz von Engineered-Systemen bzw. von Appliances mit sich bringt. Anhand dieser Erkenntnisse und mit Hilfe von Fachliteratur werden die optimalen Marketing-Methoden ausgearbeitet. Die erarbeiteten Massnahmen werden sodann der Geschäftsleitung der Firma Tradeware präsentiert.

Ziel dieser neuen Marketing-Strategie ist es, mit den generierten Engineered-Systemen und Appliances den Jahresumsatz um 30% zu steigern. Zudem sollen 10% mehr Neukunden pro Jahr dazu gewonnen werden.

1.6 Abgrenzung

Keine Bestandteile dieser Diplomarbeit sind:

* Produktevergleich unterschiedlicher Hersteller

* Kostenvergleich der unterschiedlichen Appliances bzw. Engineered-Systeme

* Kostenvergleich von Konsolidierung, OLTP und Datawarehouse

Für die Erarbeitung der Marketing-Strategie werden vorliegend nur die Produkte Exadata, Oracle Database Appliance und 6000 Flash Memory Array verwendet. Allerdings liegt der Hauptfokus der zur entwickelnden Marketing-Strategie auf den Technologien, so dass auch andere Produkte in die Überlegungen miteinbezogen werden können.

Als Vergleich und Referenz werden die diversen Produkte als Basis genommen. Des Weiteren wurden auf Wunsch die Namen der involvierten Firmen und Kunden geändert.

1.7 Gliederung der Arbeit

Die vorliegende Arbeit wurde in sechs Kapitel aufgegliedert. Die beigezogene Literatur ermöglichte es, die Problemstellung zu erkennen und eine entsprechende Lösungsfindung herbeizuführen.

* **Teil 1: Einleitung**

  Die Einleitung dient der Erörterung der formalen und inhaltlichen Grundlagen, um die Nachvollziehbarkeit der Überlegungen zu gewährleisten.

* **Teil 2: IT-Infrastruktur**

  Hier werden die theoretischen Grundlagen der IT-Systeme und der IT-Strategie abgebildet.

* **Teil 3: Marketing Konzept**

  Gestützt auf die Fachliteratur gilt dieser Teil der Arbeit der Erstellung der Marketing-Strategie anhand eines Marketing Konzeptes.

- **Teil 4: Interview**

  Vorstellung und Zusammenfassung der durchgeführten drei Interviews.

- **Teil 5: Beantwortung der Zentrale Fragestellung**

  In diesem Teil der Arbeit wird die zentrale Fragestellung dargelegt und beantwortet.

- **Teil 6: Schlussfolgerung**

  Abschliessende Erläuterungen präsentieren die Schlussfolgerung.

2 IT-Infrastruktur

Vorab müssen die theoretischen Grundlagen bekannt sein, um ein Engineered-System oder eine Appliance verstehen zu können. Die IT-Infrastruktur beinhaltet die theoretischen Grundlagen der IT-Architektur und der IT-Strategie. Die Übersicht über diese Grundlagen ist auch für die Verkäufer der Firma Tradeware von grossem Nutzen, da sie ihnen ermöglicht, ein bestimmtes System einem Kunden gezielt anbieten zu können. Sodann muss ein Verständnis dafür vorliegen, für welchen IT-Bereich diese Systeme jeweils eingesetzt werden. Nachdem die IST-Situation aufgezeigt ist, wird im darauffolgenden Kapitel die Umsetzung der dazugehörigen Marketing-Strategie aufgezeigt werden.

Die IST-Analyse beschreibt die aktuelle Situation und deren Problemstellung, die SOLL-Analyse umfasst die unter Kapitel 1.5 erwähnten Zielsetzungen. Wie Jenny erwähnt, sollten dabei gewisse Abgrenzungen definiert werden. Diese Abgrenzung wurde unter Kapitel 1.6 vorgenommen. [sinng. Jenny, 2010, S. 127]

Mit Bezug auf die entsprechende Fachliteratur wird versucht, die Komplexität eines Einsatzes dieser IT-Systeme bzw. der dazugehörigen Produkte dazulegen. Um ein Produkt verkaufen zu können, muss man wissen, wie es funktioniert und welchen Nutzen es bringt. Zudem muss dem Anbieter die Umgebung bekannt sein, in die das Produkt integriert werden soll. Diese Kernerkenntnisse sollen nachfolgend erörtert werden.

2.1 IT-Systeme

Die meisten Firmen haben in den letzten Jahren das Engineering[4] selber übernommen. Das heisst, die Business-Abteilungen definieren das Anforderungsprofil, und die Server werden entsprechend konfiguriert und verkauft. Bei grösseren Datenbanken kann es zu Schnittstellen- oder Performance-Problemen kommen. Eine optimale Performance zwischen Storage, Netzwerk, Datenbank und Hardware ist sehr komplex und aufwendig. [sinng. Dern, 2009, S. 29] Diese Komplexität ist nicht nur in der Literatur ein Thema, sondern zeigt sich auch mit Blick auf die Bedürfnisse der Kundschaft der Firma Tradeware. Es herrscht ein regelrechter Wildwuchs an unterschiedlichen Produkten von Hardware bis Software. Grundsätzlich wird das Ziel verfolgt, nicht alle Produkte und Dienstleistungen von einem einzigen Hersteller zu beziehen, da die Firma sonst in eine starke Abhängigkeit geraten würde, allerdings kann die

---

[4] Engineering bedeutet Ingenieurwesen einer technischen Entwicklung

Involvierung von zu vielen unterschiedlichen Herstellern Schnittstellen- und Konfigurations-
probleme hervorbringen. Es ist daher nur mit einem hohen Aufwand an sowohl technischen
als auch strategischen Überlegungen möglich, die einzelnen Produkte auf alle Hersteller optimal abzustimmen.

Als IT-Basisinfrastruktur werden alle Hardware- und Software-Komponenten verstanden. Für
die Basisinfrastruktur sollten die Bereiche Entwicklung, Testing, Produktion und Wartung für
die Informationssysteme mitberücksichtigt werden. Die Abbildung 2-1 zeigt die IT-
Basisinfrastruktur eines Unternehmens sowie dessen einzelne Abteilungen. Diese einzelnen
Organisationseinheiten vertreten unterschiedliche Haltungen und stellen individuelle Ansprü-
che an Produkte. Die Schwierigkeit liegt somit darin, alle vorhandenen Business-
Anforderungen abzudecken. Unterschiedliche Hersteller können jedoch nicht jede Technologie auf die verschiedenen Einheiten abstimmen, aus diesem Grund ist vorgängig meistens
ein Engineering notwendig, um zu analysieren, ob ein bestimmtes System funktioniert und
welche Leistung es erbringt. Ein solches Engineering kostet Zeit und Geld und ist in der heutigen Wirtschaftslage daher kaum in grossem Umfange umsetzbar.

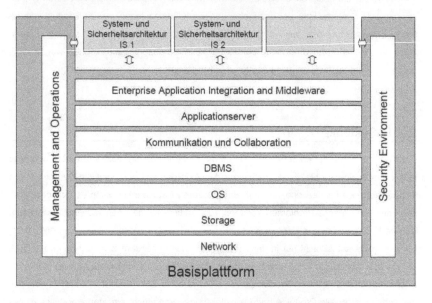

Abbildung 2-1: Abbildung von Informationssystemen auf die IT-Basisinfrastruktur [Dern, 2009, S. 29]

2.1.1 Komplexität von IT-Systemen

In den letzten Jahren hat sich die IT grundlegend verändert. Die steigende Komplexität der Systeme nimmt fortwährend zu, die IT-Verantwortlichen müssen auf die ständige Veränderung flexibel reagieren, und auch der Lebenszyklus der einzelnen Applikationen verringert sich drastisch. Die Systeme sind durch eine hohe Vernetzung im Unternehmen und darüber hinaus geprägt. Die Vernetzung wird aufgrund der Globalisierung[5] zunehmen und muss durch Informationstechnologien bewältigt werden. Mittels der oben beschriebenen Faktoren steigt die Komplexität der IT erheblich. Die Kosten der IT-Systeme nehmen mit der Steigerung der Komplexitätszunahme zu. Die IT-Komplexität steigt somit überproportional zur IT-Effektivität. Siehe Abbildung 2-2. [sinng. Scheck, 2008, S. 22]

Das Problem der Komplexität widerspiegelt sich auch im Umgang mit den Kunden der Firma Tradeware. Bereits die Virtualisierung nur weniger Server bringt viele Herausforderungen mit sich wie z.b. die CPU Performance-Analyse und eine Netzwerkperformance. Aufgrund der Komplexität der Systeme vergeht viel Zeit, bis das System effektiv einsatzbereit ist. Allerdings trifft die Aussage von Scheck bezogen auf den praktischen Geschäftsalltag nicht immer zu. So kann Schecks Feststellung mit Blick auf den Kunden der Firma Tradeware Jupiter AG bezüglich Lebenszyklus der Applikation nicht per se übernommen werden. Wird bei einem Kunden eine Applikation durch Einführung einer neuen abgelöst, werden zunächst für eine gewisse Zeit meistens beide Programme beibehalten, bis die ältere Applikation schliesslich vollständig abgelöst wird. Diese Übergangszeit kann oftmals einige Jahre dauern.

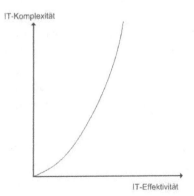

IT-Komplexität

IT-Effektivität

Abbildung 2-2: IT-Komplexität und IT-Effektivität [Scheck, 2008, S. 23]

---

[5] Globalisierung ist die weltweite Verflechtung in den Bereichen Wirtschaft, Politik, Kultur und Umwelt

„Das IT-Management muss dieser Anforderung gerecht werden und dementsprechend reagieren, um auch in Zukunft seine Aufgabe, nämlich Unterstützung von Geschäftsprozessen, erfüllen zu können." [Scheck, 2008, S. 22, f.]

2.1.2 Appliance und Engineered Systems

Durch immer grössere Datenmengen sind die Kunden dazu gezwungen, sich neue und schnellere Systeme anzuschaffen. Ab einer gewissen Datengrösse reicht es nicht mehr aus, bloss zusätzlichen Arbeitsspeicher und schnellere Prozessoren hinzuzufügen. Wie dem Interview mit Markus Schäublin (siehe Anhang E Interview) entnommen werden kann, ist es nicht mehr möglich, die Leistung nur mit neuen Prozessoren zu verdoppeln; gemäss Schäublin ist eine Verdopplung der Leistung nur mit dem Engineered-Ansatz möglich.

Wie Alexj Scheck festhält (Kapitel 2.1.1), nimmt die Komplexität der Systeme kontinuierlich zu. Dabei ist ein weiterer wesentlicher Punkt die Frage, ob bei einer Änderung der Infrastruktur auch alle IT-Ebenen (wie bei Abbildung 2-1) unterstützt und zertifiziert ist. So bedarf der Einbezug unterschiedlicher Hersteller auch verschiedener Support-Verträge und Lizenz-Modelle. Ein Problem sind beispielsweise die Bottleneck-[6] und die Schnittstellenprobleme, die entstehen können. Einige Firmen gingen bezüglich der Appliances bereits mit gutem Beispiel voran, so Apple, die mit ihrem Iphone Software und Hardware perfekt miteinander vereint und aufeinander abgestimmt hat. Dieses Potential wurde auch von Google bemerkt und von Motorola gekauft, somit wird demnächst sicherlich ein Engineered-Telefon von Google auf den Markt kommen. Aus diesem Grund auch erobern seit einigen Jahren Appliances und/oder Engineered-Systeme den IT-Markt.

Eine Appliance bedeutet im Englischen ein elektronisches Gerät für zuhause, das für eine bestimmte Bestimmung entwickelt, das heisst designed wurde, z.B. eine Waschmaschine. [sinng. Dilys, 2005, S. 22]. Dieses Bild lässt sich auf die Informatik übertragen. Hier ist eine Appliance eine sogenannte Blackbox (siehe Kapitel 2.2.4), wo Hardware und Software aufeinander abgestimmt sind. Appliances sind Systeme die man starten und sofort nutzen kann (ready to use).

Die Firma Oracle brachte einen weiteren Ausdruck auf den Markt: Engineered Systems. Ein Engineered-System hat zwar Appliances-Komponenten, ist selber jedoch keine Appliance. Die meistens Appliances sind nicht veränderbar, dies im Gegensatz zu einem Engineered-System, das erweiterbar ist.

---

[6] Bottle neck: Heisst Flaschen Hals

Oracle hat ein Produkt namens Exadata im Sortiment, welches für ein Datawarehouse oder OLTP eingesetzt werden kann (siehe Kapitel 2.1.4 und 2.1.5). Bei diesem Exadata ist es möglich, ein Quarter Rack dazu zu kaufen und es danach auf ein Half oder Full Rack auszubauen. Wenn einmal Full Rack vorhanden ist, können noch maximal sieben weitere Full Racks angeschlossen werden.

Ein Exadata hat folgende Komponenten: Storage Cell und Database Server. Der Storage Cell ist eine Appliance, kann also nicht ausgebaut werden, eine Erweiterung ist nur mit Festplatten möglich, das heisst nur dann, wenn eine weitere komplette Storage Cell hinzufügt wird. Der Datenbank Server ist ein normaler x86 Server, basierend auf Intel CPU Technologie mit zusätzlichen Flash Speicher. Das komplette Packet mit Storage Cell, Datenbank Server und Infiniband Netzwerk[7] ergibt schliesslich ein Engineered-System.

Der Haupteinsatz des Exadata`s ist die Konsolidierung. Die hohe Performance des Exadata`s wird im Bereich OLTP- (Online-Transaction-Processinng) (siehe Kapitel 2.1.5) sowie Datawarehouse (siehe Kapitel 2.1.4) eingesetzt. Dieses besteht aus einem Gesamtpaket von Server, Storage, Netzwerk und Software. Durch die Konsolidierungsmöglichkeiten mit dem Exadata können die IT-Kosten reduziert und die Performance gesteigert werden. [sinng. Greenwald, 2011, S. 136]

---

[7] Infiniband ist eine seriellen Hochgeschwindigkeitsübertragungstechnologie bis zu 48 Gbit/s

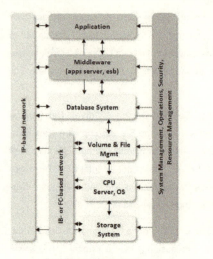
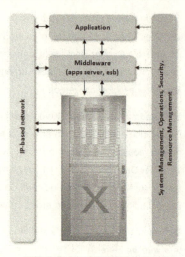

Hand-crafted database platform   *Reduced complexity of Oracle Exadata solution*

Abbildung 2-3: Exadata solution vs Hand-crafted database platfrom, [Drozd, 2011, S. 7]

Wie bereits unter Kapitel 2.1 erwähnt wurde, ist vorliegend die ganze Basis IT-Infrastruktur abgebildet. Die Abbildung 2-3 soll die Vereinfachung der Komplexität aufzeigen, die ein Exadata mit sich bringt. Zum Vergleich ein Bild aus der Autoindustrie: Ein Auto wird auch nicht mit einem Motor von BMW, einem Chassée von Audi und einem Fahrwerk von Mercedes zusammengebaut. Dies ist in der Informatik ebenfalls die aktuelle Situation. Mit Unterstützung von Appliances und Engineered Systems beginnen die Hersteller damit, sich von diesem Wildwuchs zu entfernen. Deswegen hat Oracle ein konsolidiertes System entworfen, das von Grund auf aufeinander abgestimmt ist. Technologisch gesehen sind bei einem Exadata jedoch nur 10% neu. Bestehen bleibt die Middleware und die Applikation, diese werden durch das Exadata nicht ersetzt. [sinng. Drozd, 2011, S. 5]

Auch die Firma Violin Memory verfügt über eine Appliance, die auf die Flash-Technology setzt, um eine hohe Performance sowie Verfügbarkeit zu erreichen. Als Standard-Server verwendet Violin Memory einen HP Server mit Intel CPU's. Die weiteren Produkte von Oracle und Violin Memory werden unter Kapitel 3.1 vorgestellt werden. Die meisten Produkte werden für Konsolidierungen, Datawarehouse oder OLTP eingesetzt, was in den folgenden drei Kapiteln erläutert wird.

2. IT-Infrastruktur - 19 -

2.1.3 Konsolidierung

Wie die Herren Markus Schäublin und S.P. im Interview (siehe Anhang E Interview) festhalten, gibt es viele Kunden, die für eine Datenbank- bzw. Hardware Konsolidierung ein Engineered System bevorzugen. Herr S.P. verweist darauf, dass durch diese Konsolidierung Datenbank-Lizenzen eingespart werden konnten, entscheidend ist jedoch, dass dadurch Platz im Rechenzentrum gespart werden kann. Letzteres steht in direktem Zusammenhang mit der Kühlung und dem Stromverbrauch. Zudem verfügt das Exadata über eine spezielle Methode der Datenverkleinerung, somit kann eine Kompression bis Faktor 10x erreicht werden.

Für Herrn S.P. war der Lebenszyklus der Hardware der entscheidende Punkt für eine Konsolidierung der Hardware und der Datenbank. Durch die heterogenen[8] Server-Landschaften konnten alle Datenbank Servern und Storages auf ein einziges System migriert werden. Darüber hinaus ist nur noch ein Hersteller involviert. Dies hat beispielsweise zur Folge, dass im Falle Performance-Problemen allfällige Schuldzuweisungen nicht unter den diversen Herstellern hin- und hergeschoben werden müssen, sondern nur ein einziger Hersteller mit der Lösung des Problems betraut wird. All dies kann unter Umständen auch zu Unstimmigkeiten führen, da die Storage-Administratoren dadurch weniger Arbeit haben: Da alles in einem automatischen System zusammengefasst ist und Oracle das ganze Patching[9] durchführt, entfällt hier Arbeit für die Storage-Gruppe.

Auch Tiemeyer beschreibt, dass die Verwaltungskosten sinken, wenn eine hohe Anzahl an Servern konsolidiert wird. Auch finden sich oftmals mehrere Kopien von Daten auf den unterschiedlichen Servern.

Grundsätzlich ist es sicherlich das Ziel, die ganze Komplexität zu reduzieren. Durch die Konsolidierung wird auch eine Standardisierung der Hardware erreicht. [sinng. Tiemeyer, 2011, S. 124]

Server-Konsolidierung

„Ziel ist die Konsolidierung von umfangreichen, oft heterogenen und verteilten Serverlandschaften." Dazu zählt:

- eine Reduzierung der Anzahl der installierten Server,

---

[8] Heterogen bedeutet nicht die gleiche Masse, unterschiedliche Masse

[9] Patching Reparatur bzw. Software updates

- eine Zusammenlegung von vielen (verteilten) Servern in einem einzigen grossen System (Scale-Up) und

- die Optimierung der Kapazitäten der Server.

Storage-Konsolidierung

Eine Konsolidierung von verteilten Storage-Kapazitäten wird vor allem gesehen in

- einer Optimierung der Speicherkapazitäten sowie

- einer Effizienzsteigerung bzgl. der Speicherverwaltung.

Netzwerk-Konsolidierung

Hier geht es um die Konsolidierung der vorhandenen Netzwerke. Diese betrifft:

- die Strukturen der Netzwerke,

- die Dienste im Netzbetrieb sowie

- die Systemsoftware." [sinng. Tiemeyer, 2011, S. 124 f.]

Wie auch Herr S.P. angesprochen hat, weist die Konsolidierung auch einen Nachteil auf. Bei einem Exadata kann hier nicht einfach mehr Memory hinzugefügt werden, da dies von Oracle nicht unterstützt wird. Der einzige Weg, mehr Performance oder Speicherplatz zu erlangen, kann nur durch den Kauf eines zusätzlichen Systems erreicht werden. Bei Violin Memory, die den Appliance-Ansatz verfolgt, ist es nur möglich, eine weitere Violin Appliance zu kaufen.

2.1.4 Datawarehouse

Ein Datawarehouse hat aktuelle oder historische Daten gespeichert und dient den Berichts- und Abfragefunktionen. Diese Daten wurden von verschiedenen Quellen (interne und externe) mit unterschiedlichen Datenmodellen zusammengeführt. Wie die Abbildung 2-4 zeigt, können die Manager die Informationen aus dem Datawarehouse herauslesen. Diese Daten können stündlich, täglich, wöchentlich oder monatlich in das Datawarehouse kopiert werden. Die zentrale Datenhaltung verhilft zu genauen Analysen und Entscheidungsfindungen für das

Unternehmen oder deren Mitarbeiter. Die Daten können abgerufen, nicht aber verändert werden. [sinng. Lauden & Schoder, 2009, S. 306 f.]

Ein Datawarehouse wird meistens auch zur Unterstützung für strategische und taktische Entscheidungen genutzt. Nachdem die Informationen konsolidiert, validiert und synthetisiert wurden, helfen Analysetools dabei, die genauen entscheidungsunterstützenden Informationen herauszufiltern. [sinng. Krüger & Sellmann-Eggebert, 2003, S. 347] Ein Exadata ist ein perfektes Produkt, um ein Datawarehouse abzubilden.

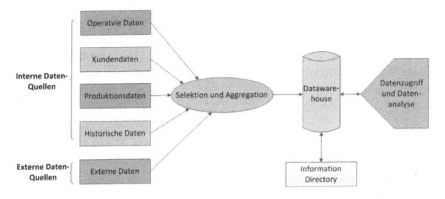

Abbildung 2-4: Komponenten eines Datawarehouses [sinng. Laudon & Schoder, 2009, S. 307]

Das Datawarehouse erreicht auf dem Markt eine immer grössere Bedeutung. Gründe hierfür sind historisch gewachsene Komplexität und Vielschichtigkeit vieler bestehender IT-Landschaften. Dies betrifft alle Branchen. Buchta & Eul & Schulte-Cronnenberg erläutern, dass ein Datawarehouse häufig als „Super-System" oder als „Über-Datentopf" eingesetzt wird. Wie eine Art Staubsauger sammelt das Datawarehouse somit alle Informationen aus der Logistik, CRM und anderen Systemen heraus. Es empfiehlt sich bei einer Einführung eines Datawarehouse-Systems, die Vorsysteme der IT-Landschaft zu vereinfachen und redundante Systeme abzuschaffen. Eine solche konsequente Vorgehensweise verbessert die Handlungsfähigkeit der IT und senkt die Kosten.[sinng. Buchta & Eul & Schulte-Cronnenberg 2009, S.36,f.] Durch ein Exadata kann Komplexität vereinfacht und Transparenz in die ganze IT-Landschaft gebracht werden. Als Beispiel hierzu: Herr. P.B von der Private Bank hatte ein Performance-Probleme bei seinem Datawarehouse, welches durch den Einsatz eines Exadata gelöst werden konnte. Dies bedeutet wiederum, dass die entsprechenden Reports durch das Top-Management rascher erstellt werden können. (siehe Anhang E Interview)

2.1.5 OLTP

Ein online transaction processinng[10] befasst sich mit effizienten und parallelen Zugriffen auf Daten, die an unterschiedlichen Orten abgelegt sind. Dieses Processinng wird zum Beispiel beim Finanz-Service im Zahlungsverkehr genutzt oder bei Flugbuchungen eingesetzt. Diese OLTP-Systeme haben in jüngster Zeit massiv an Bedeutung zugenommen. Sie sollten ständig verfügbar sein, um einen reibungslosen Geschäftsablauf zu gewährleisten. Die kurzen Antwortzeiten und der hohe parallele Datendruchsatz (Anzahl Transaktionen pro Zeiteinheit) stehen somit im Vordergrund. Diese Systeme sind ausfallsicher gebaut, so dass auch ein Hardware-Fehler schnell bemerkt und gemeldet werden kann. Die sogenannte downtime[11] sollte so gering wie möglich sein, daher werden hierfür auch meistens hochverfügbare Server wie das oben erwähnte Exadata eingesetzt. Diese hohe Verfügbarkeit hilft den Firmen dabei, Geld zu sparen, sollte ein Zahlungssystem abstürzen, so dass keine Zahlungen mehr ausgeführt werden können. Letzteres würde einen vielfachen Schaden für ein Unternehmen bedeuten. [sinng. Lauden, 2010, S. 349]

2.2 IT-Strategie

Es wurden die verschiedenen IT-Systeme wie Engineered Systems und Appliance sowie deren Komplexität und Effektivität erläutert. Um die IT-Strategie der Kunden zu verstehen, werden in den nachfolgenden Kapiteln die wichtigsten diesbezüglichen Punkte erläutert. Die auf diese Weise gewonnenen Erkenntnisse sollen helfen, die erlangten Informationen entsprechend umzusetzen (siehe hierzu Kapitel 3 Marketing Konzept). Anhand der durchgeführten Interviews konnte nachgewiesen werden, dass Engineered-Systeme keinen Einfluss auf die IT-Strategie haben. Gleichzeitig aber werden Engineered Systems und Appliances immer mehr in Betracht gezogen. Bis diese jedoch die IT-Strategie oder Plattform-Strategie merklich beeinflussen, werden noch ein bis zwei Jahre vergehen.

Nach Tiemyer leitet sich die IT-Strategie von der Unternehmensstrategie ab. Deshalb ist es wichtig, dass die IT-Strategie immer die Unternehmensstrategie berücksichtig. [sinng. Tiemeyer, 2007, S. 42] Bei einem allfälligen Strategiewechsel der Firma kann dies auch grosse Veränderungen in der IT mit sich bringen. „Die Erarbeitung einer IT-Strategie und die daraus abgeleiteten IT-Architekturen sind als ein inkrementeller, iterativer Prozess zu begreifen. Mit jedem

---

[10] Online transaktions Prozess

[11] Ausfallzeit

Durchlauf kann der Reifegrad des Strategiepapiers erhöht werden und so können nach Möglichkeit zusätzliche Bereiche abgedeckt werden. Initiierung eines Suchlaufs kann sowohl zeitgesteuert (reguläre Planung, mindestens einmal im Jahr) als auch ereignisgesteuert sein (Projekte, Umwelt)." [Tiemeyer, 2007, S. 42] Somit sollte das Strategiepapier immer wieder angepasst werden, um eine höhere Qualität zu erreichen.

Buchta & Eul & Schulte-Cronnenberg sehen dies ähnlich: Die IT kann einen direkten, werttreibenden Einfluss auf identifizierte Bereiche einer Unternehmensstrategie haben. Diese Einflussfaktoren können z.b. eine Wachstumstrategie sein, welche durch Fusion oder Akquisitionen entstehen kann. [sinng. Buchta & Eul & Schulte-Cronnenberg 2009, S.129] „Für die Strukturierung der Eckpunkte einer IT-Strategie bieten sich Wertschöpfungsketten, Werttreibermodelle oder auch Geschäftsbereichsstrategien an. Dabei sind auch unterschiedliche IT-Fertigungstiefen (Insourcing vs. Outsourcing), Organisationsansätze (zentral vs. dezentral) sowie Standardisierungsstrategien (ERP-Standards vs. Eigenentwicklungen) der vorhandenen IT-Landschaft zu berücksichtigen." [Buchta & Eul & Schulte-Cronnenberg 2009, S.129]

Somit nimmt die IT-Strategie einen immer grösser werdenden Stellenwert in den Unternehmen ein. Wie Buchta & Eul & Schulte-Cronnenber festhalten, ist es wichtig die IT-Landschaft genauestens zu planen und dem jeweiligen Unternehmen anzupassen.

Abbildung 2-5: Ausrichtung der IT-Leistungssteuerung an der Unternehmensstrategie [Buchta & Eul & Schulte-Cronnenberg 2009, S.130]

Abbildung 2-5 macht deutlich, dass das Ziel der Strategie nicht nur im Endergebnis liegt, sondern vielmehr bereits im Weg dorthin. Diese Strategie wird mittels verschiedener Projekte umgesetzt. Somit wird die IT-Strategie nach der Unternehmensstrategie ausgerichtet und die IT-Strategie mit den detaillierten IT-Zielen abgebildet. Die Architektur spielt auch eine zentrale Rolle und steht mit den IT-Zielen in Verbindung (siehe hierzu auch Kapitel 2.2.1).

Sogenannte Key-Performance-Indikatoren (KPI's) werden verwendet, um die Messungen der IT-Ziele durchzuführen. Es gibt keine standardisierten Vorgaben für KPI's, deswegen sollten sie immer abhängig von den Zielen der Unternehmung definiert werden. Somit sollten die KPI's verständlich und leicht messbar sein. [sinng. Buchta & Eul & Schulte-Cronnenberg 2009, S.129]

Zu den KPI's gehört auch die Balanced Scorecard (BSC) dazu. Mit der Balance Scorecard werden Kennzahlen gemessen (Kunde, Prozess, Firma, Mitarbeiter, Finanzen), um die strategische Unternehmenssteuerung zu entwickeln. Die Balance Scorecard ist nicht nur für das ganze Unternehmen umsetzbar, sondern kann auch auf Organisationsbereiche, Abteilungen, Projekte angewandt werden. Die Balanced Scorecard ist somit ein grundlegendes Instrument, das der Überwachung und Steuerung der Zielvorgaben dient, die Marketing-Strategie allerdings kaum beeinflusst. [sinng. Tiemeyer, 2011, 355 f.] Im Kontext der Kontrolle der Marketing-Massnahmen unter Kapitel 3.6 wird auf die Balances Scorecard nochmals eingegangen werden.

Crameri sieht bezüglich der IT-Strategie noch andere Ansätze. Die Geschäftsstrategie und die IT-Strategie werden oftmals auf unterschiedlichen Managementebenen definiert. Die gewünschte strategische Vorstellung der IT in der gewünschten Zeit umzusetzen, ist meistens unmöglich. Somit sind die meisten Ansätze zwischen der Unternehmensstrategie und IT meistens nur rudimentär erkennbar. [sinng. Crameri, 2010, S. 2].

Jene Unternehmen, die eine zweckmässige IT-Strategie aufweisen, haben einige Vorteile, da u.a. die IT-Strategie die Grundlage für die Investitionsentscheidung bildet. Eine IT-Investition ist immer ein Balanceakt zwischen taktischen, eher kurzfristigen Vorhaben und strategisch langfristigen Initiativen. Die IT-Strategie soll helfen, diese Investitionen richtig und gezielt einzusetzen. Als erstes wird die Ausgangslage analysiert. Hierfür wird vorab die Geschäftsstrategie ins Auge gefasst, doch sollen dabei auch die aktuellen Trends der IT mitberücksichtigt werden. Es sei an dieser Stelle auf die Abbildung 2-6 hingewiesen, die ein generisches IT-Strategie-Framework aufgezeigt. [sinng. Crameri, 2010, S. 14].

Bevor die drei Phasen von Crameri erläutert werden, soll noch kurz auf die GAP-Analyse eingegangen werden. Die GAP-Analyse analysiert die Lücken (strategische oder operative)

eines klassischen Soll-Ist-Vergleichs. Diese Lücken sollen danach mit den nötigen Massnahmen ‚gefüllt' werden. [sinng. Tiemeyer, 2011, 111]

Es werden drei Phasen durchlaufen:

1. **Analyse und Vision**

   - In einem ersten Schritt wird eine IST-Analyse der Ausgangslage erstellt. Die
     GAP-Analyse ist ein Management-Instrument, um Sollvorgaben der strategi-
     schen oder operativen Lücken zu definieren. Diese Erkenntnisse unterstützen
     die Ausgangslage.

2. **Design der Initiativen**

   - Auf die Analyse folgen die Initiativen. In dieser Phase werden die Architektur
     und die Zielorganisation festgelegt.

3. **Strategische Roadmap**

   - In einem letzten Schritt werden schliesslich eine Investment-Analyse und ein
     Programm-Portfolio erstellt, um die strategische Roadmap abzuschliessen.
     [sinng. Crameri, 2010, S. 14].

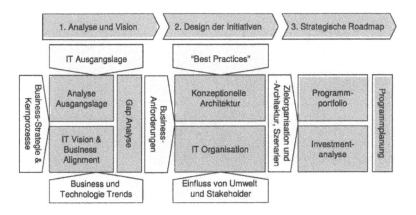

Abbildung 2-6: Generisches IT Strategie-Modell [Crameri, 2010, S.14]

Es empfiehlt sich, gleichzeitig mehrere Szenarien zu planen, um gewisse Annahmen für die
Zukunft durchzuspielen. Eine IT-Strategie braucht Zeit und sollte als Bestandteil des Unter-

nehmens weiteren strategischen Planungsprozessen dienen. Einige Unternehmen erstellen die IT-Strategieformulierung nur einmalig und erneuern diese in Zukunft nicht mehr. Da sich jedoch die Ausgangssituation stets ändern kann, muss auch die Strategie immer überprüft und angepasst werden. [sinng. Crameri, 2010, S. 13,f.]

Nach Buchta & Eul & Schulte-Cronnenberg wird die IT-Strategie von den wertsteigernden IT-Projekte geprägt, unter der Berücksichtigung der internen und externen Einflussfaktoren, die ermittelt werden müssen. Diesbezüglich spielt die Unternehmensstrategie eine grosse Rolle. In einem zweiten Schritt werden diese Projekte durch einen Business Case bewertet und in einem dritten Schritt in einem priorisierten Umsetzungsplan übermittelt.

Unter einem Business Case versteht man ein Szenario eines Projekts oder Aufgabe. Ein Business Case wird zumeist in einem gut strukturierten und schriftlichen Dokument präsentiert. Wie der Abbildung 2-7 entnommen werden kann, dürfen dabei die Aspekte von Kunden, der Lieferanten und des Wettbewerb nicht unberücksichtigt bleiben. Die makroökonomischen Einflüsse und technologischen Trends sollten im Rahmen einer Strategieentwicklung immer miteinbezogen werden. [Buchta & Eul & Schulte-Cronnenberg 2009, S.22] Auch Keuper hält bezüglich der Abbildung 2-7 genau dasselbe fest. Tiemeyer spricht dagegen mehrmals die IT-Trends an, deren Mitberücksichtigung vonnöten sei, um eine IT-Strategie optimal auszurichten. Auch die Kenntnisse der einzelnen Fachabteilungen des Unternehmens sind von grosser Bedeutung. [sinng. Tiemeyer, 2007, S. 39]

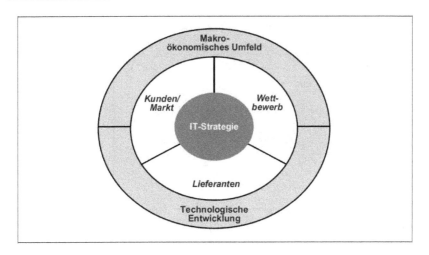

Abbildung 2-7: Einflussfaktoren auf die IT-Strategie-Entwicklung [Buchta & Eul & Schulte-Cronnenberg 2009, S.22]

Bezüglich der Entwicklung einer IT-Strategie sind in unserem Fall die IT-Trends sehr wichtig. Denn Engineered Systems und Appliances sind gewisse Trends, die, wie das Interview mit P.B (siehe Anhang E Interview) aufzeigt, mitberücksichtigt werden müssen. Durst erläutert, dass die technologischen Innovationen die Geschäftsmodelle und die IT-Strategie beeinflussen und somit die bestehenden Strukturen der Geschäftstätigkeit verändern. Wie der Abbildung 2-8 entnommen werden kann, werden die IT-Trends von den Geschäftsprozessen und dem Geschäftsmodell beeinflusst. Diese IT-Trends finden sich auch in der IT-Strategie wieder. Das WAS? in der Abbildung bezieht sich auf die Produkte[12], die angeboten werden sollen. Mit dem WIE? wird danach gefragt, wie die Produkte hergestellt oder beschaffen werden können. Das WOMIT? bezieht sich auf die Informationstechnologie und also auf die Frage, auf welche Art und Weise die Erstellung der Produkte unterstützt werden kann. Des Weiteren wird hier noch die IT-Architektur aufgelistet. Auf diese wird genauer im nächsten Kapitel 2.2.1 eingegangen werden. [sinng. Durst, 2007, S. 5]

---

[12] Ein Produkt kann sowohl eine Dienstleistung oder ein Sachgut sein.

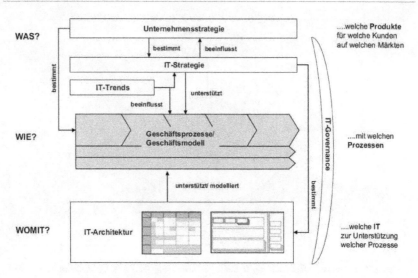

Abbildung 2-8: Gestaltungsdimensionen der IT [Durst, 2007, S.5]

2.2.1 IT-Architektur

Um eine Appliance oder ein Engineered System beim Kunden platzieren zu können, muss zunächst die IT-Architektur angeschaut und untersucht werden. Laut Crameri muss der Lebenszyklus der gesamten Plattform frühzeitig definiert und garantiert werden. Dies ist ein wichtiger Input, da ein dynamisches Wachstum der grosse Vorteil eines Engineered System darstellt. [sinng. Crameri, 2010, S. 126]

Es gibt eine Vielfalt von Informationssystemen in einem grossen Unternehmen. Daher ist es notwendig, einen übergeordneten Rahmen zu haben, um die Gestaltung von IT-Architekturen auf die gesamte Anwendungslandschaft des Unternehmens ausbauen zu können. Wenn dieser Ordnungsrahmen nicht berücksichtig wird, kann eine ungute Mischung aus nur wenig aufeinander abgestimmten IT-Architekturen entstehen; die daraus resultierenden Koordinations- und Integrationsaufwände können hohe Kosten verursachen.

Die Planung von IT-Architekturen wird anhand eines übergeordneten Informationsarchitekturrahmens erstellt. Der Architekt wird damit beauftragt, das Informationssystem termingerecht zu erstellen und von der Referenzarchitektur abzuleiten, damit dergestalt eine langfristige Anwendungslandschaft sichergestellt werden kann. Der Business-Architekt muss die

Prozess-Architekten definieren, um die Geschäftsziele optimal zu unterstützen. Somit richtet sich die Business-Architektur am Geschäftsfeld des Unternehmens aus.

Abbildung 2-9 zeigt die Architekturpyramide. Dabei wird ersichtlich, welche Prozesse der IT zugeordnet sind. Die Business-Architektur, die Informationsarchitektur, die IT-Architekturen und die IT-Basisinfrastruktur beeinflussen die Pyramide. Die Informations-Architektur ist das Bindeglied zwischen der Business-Sicht und der IT-Architektur. Wie der Abbildung entnommen werden kann, ist die Analyse der Ausgangssituation ungemein wertvoll. Falls der Kunde eine solche Pyramide noch nicht erstellt hat, sollte diese zuerst kreiert werden, bevor der Fokus auf die Engineered-Systeme und die Appliances gelegt wird. [sinng. Dern, 2009, S. 2 ff.] Es sei an dieser Stelle erneut auf den Kunden P.B verwiesen, welcher den Input vom Business erhielt, da die Erstellung der Reports des Datawarehouse zu lange dauerte und die Banken-Applikation eine zu lange Ladezeit hatte. Somit musste die IT-Abteilung reagieren und entsprechende Lösungen präsentieren.

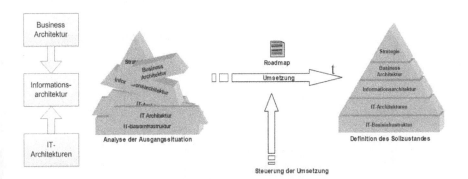

Abbildung 2-9: Die Architekturpyramide [sinng. Dern, 2009, S. 5 und S. 113]

Auch Keller befasst sich mit der Architekturpyramide und unterstreicht, dass dieses Modell weder einem Erfolgsfaktor noch dem Selbstzweck dient. Dieses Modell erfülle, so Keller, lediglich eine Hilfsfunktion zur Entscheidungsunterstützung und zu Dokumentationszwecken. [sinng. Keller, 2007, S. 22]

2.2.2 Plattform Architektur

Für die IT-Infrastruktur sind entsprechende Technologien und Plattformen notwendig. Die Plattformen bieten somit eine Auswahl an Technologien an, die durch Programme oder Datenbanken erweitert werden können, um einen sogenannten Basisdienst für eine Applikation bereitzustellen. Kosten können durch Nutzung von gemeinsamer Hardware und Lizenzen eingespart werden, zusätzlich werden auch einheitliche Datenbanken und gleiche Programmiersprachen verwendet. [sinng. Durst, 2007, S. 49]

Natürlich muss der Einsatz einer Plattform immer zuerst bestimmt werden. Bei Servern mit einer hohen Verfügbarkeit müssen die Qualitätsattribute und Qualitätsszenarien ausarbeitet werden. Nicht nur die IT muss aufeinander abgestimmt werden (Engineering-Arbeit), sondern auch die betrieblichen Prozesse müssen angepasst werden. Eine entsprechende Schulung des Personals darf dabei nicht in Vergessenheit geraten. [sinng. Schönbächler & Pfister, 2011, S. 130]

Schönbächler & Pfister begründen dies wie folgt: Je weniger unterschiedliche Produkte im Einsatz sind, um so geringer sind die Ausbildungs- und Integrationskosten. Dadurch sind grösser Mengenrabatte bei der Lizenzierung möglich. „Je grösser die Reduktion der Komplexität des Zusammenspieles einzelner Komponenten ist, um so leichter kann man betriebliche Qualitätsattribute wie Verfügbarkeit und Skalierbarkeit erreichen." [Schönbächler & Pfister, 2011, S. 130] Natürlich kann nicht alles von einem einzigen Lieferanten bezogen werden, da der Wunsch nach Unabhängigkeit und bestmöglichen Unterstützung der Geschäftsprozesse immer noch bestehen bleibt. [sinng. Schönbächler & Pfister, 2011, S. 130]

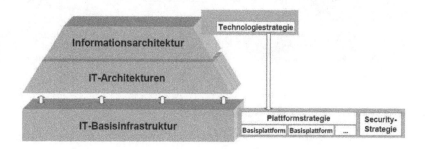

Abbildung 2-10: Bausteine der IT-Basisinfrastruktur [Dern, 2009, S. 29]

Somit ist das eigentliche Ziel der Plattformarchitektur die Kostenoptimierung, welche durch die Standardisierung der IT-Betriebsmittel generiert wird. Wie Abbildung 2-10 zeigt, ist die Technologiestrategie eng mit der Plattformstrategie verbunden. Wie dem Anhang entnommen werden kann, waren auch die Herren P.B und S.P (siehe Anhang E Interview) in der Lage, bei der Lizenzierung Kosten zu sparen. P.B konnte darüber hinaus auch beim Supportaufwand massiv Kosten einsparen, da sich der Aufwand für den Support und das Tuning der unterschiedlichen Produkte als viel zu gross erwies.

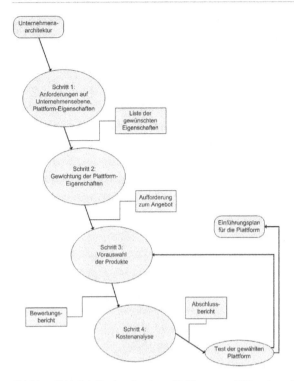

Abbildung 2-11: Schrittweiser Ansatz zur Plattformauswahl [Varughese, 1998, S.519]

Varughese setzt sich mit der Plattformauswahl auseinander. Da die Anschaffungskosten einer neuen Plattform meistens sehr hoch sind und diverse Konsequenzen mit sich führen, sollte vor dem Kauf eine präzise Evaluation stattfinden. In einer Firma sind es meistens eine bis zwei Personen, welche die nötigen Methoden und Bewertungen entwickeln. Entsprechend der Abbildung 2-11 werden die wichtigsten Prinzipien erläutert. Die Auswahl lehnt sich stark an die Unternehmensarchitektur und an die Anforderungen des Unternehmens an. [sinng. Varughese, 1998, S.516]

Schritt 1

Durch die technischen Merkmale werden die Anforderungen auf Unternehmensebene definiert. Die Anforderungen müssen der Rolle der Plattform angepasst werden, von einer kleinen Umgebung bis hin zu mehreren Plattformen bei mehreren Niederlassungen. [sinng. Varughese, 1998, S.517] „Je zentraler die Rolle, desto mehr Funktionalität muss die Plattform erbringen. Gibt es eine Plattformhierarchie (zentrale / mittlere / stand-alone Plattform), so ist die Plattformleistung tendenziell verteilt." [Varughese, 1998, S.517]

Schritt 2

In einem zweiten Schritt werden die Plattform-Eigenschaft und ihre spezifische Gewichtung definiert. Die Gewichtung leitet sich von der Relevanz jeder Eigenschaft für die Unternehmensarchitektur ab. Hier können auch die Unternehmensstandards einfliessen. Diesbezüglich könnte eine Firma beispielsweise den Unternehmensstandard haben, dass sie nur X86 CPU Technology einsetzt. Ein weiter Standard könnte sein, dass nur Linux-Betriebssysteme auf den Servern installiert werden dürfen. Dies sind sogenannte Unternehmensstandards, die individuell vom Unternehmen definiert werden.

Schritt 3

Mit internen und externen Beratern wird in einem dritten Schritt das Produkteangebot verglichen und bewertet. Anhand der gewichteten Anforderungen werden die wichtigsten Entscheidungsgrundlagen einer Plattform definiert.

Schritt 4

Wo Schritt 3 die engere Auswahl der Anbieter definiert, werden jetzt die Kosten analysiert. Die daraus führende Verhandlungsrunde bezüglich Preis, Wartungskosten, Plattformeigenschaften kann mit einem oder mehreren Herstellern durchgeführt werden.

Bei den meisten grösseren Kunden wird die Plattform getestet, bevor diese definitiv eingeführt wird. Dies sollte vom Hersteller unterstützt und begleitet werden. Falls diese Tests nicht funktionieren bzw. fehlschlagen, wird Schritt drei nochmals durchlaufen. Diese Tests werden auch Machbarkeitsstudie oder PoC (Proof of Concepts) genannt (siehe hierzu auch Kapitel 3.4.1.2) [sinng. Varughese, 1998, S.516 ff.]

2.2.3 Standards

Die Komplexität ist den letzten Jahren kontinuierlich gewachsen. Heute umfassen die IT-Landschaften in Grossunternehmen oft Hunderte von Einzelapplikationen auf diversen Servern. Über diverse Schnittstellen kommunizieren diese untereinander und sind meistens auf heterogenen technologischen Plattformen abgebildet. [sinng. Schmidt, 2009, S. 46]

Durch die Standardisierung können Kosten eingespart werden, da ein Standard existiert und die Prozesse auf die Standardisierung abgestimmt sind. Der Architekt legt die Regeln und Standards fest, auf welche man sich auch im Nachhinein berufen kann. Aus der Sicht des IT-Architekten stellen die Standards einen Nutzen dar, mit welcher die unnötige Komplexität wegfällt. [sinng. Schönbächler & Pfister, 2011, S. 107, f.] „Dies ist deshalb so wichtig, weil Komplexität zu Überforderung führt und Überforderung zu schlechterer Lösungsqualität. Dies zu verhindern, ist wiederum die Hauptaufgabe des IT-Architekten." [Schönbächler & Pfister, 2011, S. 107].

Um die Komplexität zu vereinfachen wurden Appliances und Engineered-Systeme mit Standardkomponenten ausgerüstet und auf einander abgestimmt. Somit können keine sogenannten Fehlkonfigurationen entstehen. Es muss nur noch das richtige System für die richtige Applikation ausgewählt werden. Dadurch wird die Komplexität vereinfacht, und die Risiken werden um ein Vielfaches reduziert.

Mit Blick auf den IT-Standard stehen die Produkte meistens im Vordergrund weil dort die Kostenwirksamkeit am Konkretesten sichtbar ist. Kosten hierfür sind Implementations-, Integrations-, Wartungs-, Betriebs- und Ablösungskosten. Wenn man sich diese Kosten mit einem standardisierten Produkt sparen kann, hat dies auch Auswirkungen auf die Qualität und die Wartungszeit. Durch ein standardisiertes Produkt können weniger unvorhergesehene Probleme entstehen, denn dieses Produkt wurde ausgiebig getestet. Und damit wären wir beim berühmten Magischen Dreieck (siehe Abbildung 2-12). Wird eines der Ziele gefährdet, wirkt sich dies auch auf die anderen zwei Ziele aus, und es entsteht ein Ungleichgewicht. [sinng. Tiemeyer, 2011, S. 224]

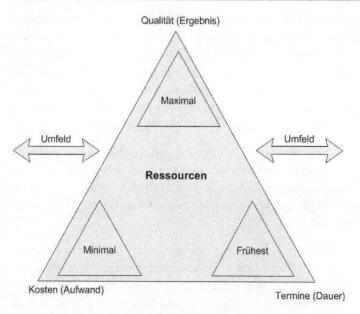

Abbildung 2-12: Magische Dreieck [Tiemeyer, 2011, S. 224]

Im Gespräch (siehe Anhang E Interview) mit Herrn S.P. wurde diese Theorie jedoch nur teils bestätigt. Bei den Betriebs- und Wartungskosten konnte nur teilweise ein Rückgang bemerkt werden. Da diverse Server und Storages miteinander abgelöst wurden, muss jetzt nicht jedes Jahr ein weiteres System abgelöst werden. Dies spart der Unternehmung einen massiven Arbeitsaufwand ein. S.P. bestätigt, dass auf diese Weise über das ganze Projekt die Komplexität reduziert werden konnte und die Performance um ein x-faches gesteigert wurde. Mit Verweis auf Herrn P.B.: Bei diesem waren die Betriebskosten während der ersten vier Monate um einiges höher, während sie sich nach elf Monaten massiv reduzierten. Dies zeigt auch das diese System eine gewisse Zeit brauchen bis alle damit umgehen können. [sinng. 2005, S. 35]

Gadatsch sieht das ebenso: Im Hinblick auf die Wartung der Systeme gilt es zu bedenken, dass die sich stetig vergrössernde IT-Infrastruktur aufgrund der zahlreichen unterschiedlichen Lösungen für gleichartige Problemstellungen (z.B. Nutzung unterschiedlicher ERP-Systeme) zu hohen Kosten führen kann. „Im Rahmen der IT-Strategie-entwicklungen sind hausinterne IT-Standards zu entwickeln, als verbindlich zu erklären und fortlaufend zu verbessern. Anschliessend erfolgt die Bestandsaufnahme des Ist-Zustands mit dem Ziel der Konsolidierung. [Gadatsch 2005, S. 35,]

Durch diese Standardisierung wird ein Wildwuchs in der IT ausgeschlossen, womit auch die Kosten unter Kontrolle gehalten werden können. Zu guter Letzt bestimmt die Firma ihre eigenen Standards.

2.2.4 Black-Box Standardisierung

Es gibt White-Box und Black-Box-Standardisierungen. Bei der White-Box werden nicht nur fertige technische Bausteine als Ganzes verbaut, sondern es werden auch individuelle Lösungen hinzugefügt. Der Vorteil davon ist, dass die Anforderungen optimal abgedeckt werden können, allerdings besteht das Risiko, dass sich die Kosten um ein Vielfaches vergrössern, was sich wiederum als entscheidender Nachteil erweist. Bei der Black-Box-Standardisierung sieht dies jedoch anders aus: Hier wird die technische Standardisierung auf die Technologien der IT-Kaufprodukte und Werkzeuge ausgedehnt. [sinng. Hanschke, 2010, S. 351] „IT-Kaufprodukte und Werkzeuge sind „Black-Box"-Komponenten, die ohne Veränderung als Ganzes genutzt werden." [Hanschke, 2010, S. 351]

Eine Appliance ist eine sogenannte Black-Box. Zu diesem Bereich gehören die Oracle Database Appliance und die 6000 Flash Memory Array (Kapitel 3.1.4) von Violin Memory. Diese Black-Box Appliances lassen sich nicht mehr verändern. Die Oracle Database Appliance wird immer komplett ausgebaut verkauft, jedoch können die CPU's je nach benötigter Performance abgeschaltet oder aufgeschaltet werden. Wie viele CPU's in Betrieb genommen werden, zeigt sich vor allem in den Datenbanklizenzkosten.

2.3 Vorteile und Nachteile der Engineered Systeme und Appliances

Wie Dan Braha [sinng. 2006, S. 15, ff.] mit seinen Überlegungen zeigt, sind Engineered Systems Systeme, die einen Standard in Performance und Konfiguration aufweisen sollten. Massstab des traditionellen Engineering waren die Einzellösungen. Reichten diese nicht aus, wurde versucht, diese zu erweitern oder sich mittels einer neuen Einzellösung zu behelfen. Es gibt heute noch Anwendungsprobleme, die mittels einer Einzellösung besser und günstiger gelöst werden können. Bei Engineered-Systemen und Appliances sind wir jedoch aufgrund der Datenmenge meistens mit umfassenderen Problemen bzw. grösseren Herausforderungen konfrontiert. Dan Braha zeigt in vier Schritten auf, wie ein Engineered System erstellt wird:

Funktionale Spezifikation: Der erste Punkt zeigt auf, wofür das System nützlich ist und was es ausführt. Es ist wichtig zu wissen, wo die Grenzen eines System liegen und in welchen Fällen es einsetzbar ist.

Design: Das Design spielt eine Hauptrolle in einem Engineering Prozess. Gefragt wird, nach welchen Massstäben und Vorgabe das System ‚designt' wurde. Ein System kann nach verschiedenen Design-Levels und mit unterschiedlichen Simulationen aufgebaut werden.

Testen und Bewerten: Wenn das System fertig gestaltet wurde, muss es getestet werden. Dieses Testing findet unter verschiedenen Bedingungen statt, damit die gewünschte Performance gewährleistet werden kann. Bei Auftreten grösserer Schwierigkeiten muss man zum Designprozess zurückkehren, um auf dieser Ebene die notwendigen Verbesserungen vornehmen zu können.

Fertigung: Wenn das System designed und erfolgreich getestet wurde, können davon einige Hundert oder Millionen Stückzahlen hergestellt werden.

Dan Braha verweist in der Literatur auf den sogenannten Space Shuttle, ein gutes Pendant davon ist das Exadata. Oracle hat entsprechend dem Exadata ein Engineered-System entwickelt, das auf maximale Leistung konfiguriert und getestet wurde. Die dabei entstandenen hohen Entwicklungskosten können jetzt auf x Systeme abgewälzt werden. Ein Einzelunternehmen wäre nicht in der Lage, diese Kosten selber zu tragen.

Die Technologien werden immer komplexer. Den wenigsten Unternehmern und Anbietern bleibt die Zeit, um alle erforderlichen Testings durchzuführen. Daher ist der Appliance- und Engineered-Ansatz genau der richtige. Dieser Ansatz sollte in das Marketing miteinfliessen, damit dem Kunden aufgezeigt werden kann, dass es aufgrund der hohen Entwicklungskosten nicht möglich ist, ein eigenes Engineered-System zu bauen. Oracle hat gezeigt, wie man mit Standardkomponenten und Appliances ein Engineered-System erstellen kann, das alle Performance-Ansprüche und Standards erfüllt.

Ein Nachteil dieser Engineered-Systeme ist, dass sie in den meisten Fällen Insellösungen in einem Rechenzentrum darstellen. So führt S.P im Interview (siehe Anhang E Interview) beispielsweise aus, dass das Exadata durchaus zu einem Unternehmensstandard werden kann, dass diese Entscheidung zum heutigen Zeitpunkt aber noch nicht getroffen werden könne. In den Telekommunikationsfirmen werden erst zwei redundant gespiegelte Exadata's eingesetzt. Bevor sich diese Systeme zu Unternehmensstandards entwickeln, werden jedoch noch einige Jahre vergehen. Herr B.P. liess Ähnliches verlauten, hielt jedoch fest, dass diese Systeme in Zukunft mehr in Betracht gezogen würden. Bei den Engineered Systems handelt es sich zwar um standardisierte Produkte, jedoch müssen diese mit einem hohen Arbeitsaufwand in die Umgebung eingebunden werden. Wie die beiden Interview-Partner erläutern, kann dieser Aufwand mittels einer guten Vorbereitung verringert werden. Bei Appliances ist dies einfacher, da diese den Black Box-Ansatz haben. Die Appliances können nicht ausgebaut werden. Und da sie in der Regel kleinere Systeme sind, sind sie auch kostengünstiger als Engineered-Systeme. Der Einsatz jedes Systems muss genauestens auf die Ausgangslage hin geprüft werden, damit für die entsprechende Aufgabe das passende System ausgewählt werden kann.

2.4 Fazit

In diesem Kapitel wurden die Unterschiede zwischen Standard-Servern und Engineered Systems und Appliances erläutert. Des Weiteren wurde die Komplexität der Engineered Systems und Appliances aufgezeigt. Ein gewinnbringender Verkauf dieser Systeme setzt die Kenntnis über die Einsatzgebiete wie Konsolidierung, Datawarehouse und OLTP voraus.

Auch die theoretischen Grundlagen der IT-Strategie wurden angesprochen. Die Plattformstrategie baut auf der IT-Strategie auf. Im Gespräch mit dem Kunden werden Engineered Systems oder Appliances sicherlich berücksichtigt, in der Plattformstrategie allerdings werden noch Jahre vergehen, bis diese Systeme in grösserem Umfang beim Kunden berücksichtigt werden können.

Die Entscheidungsträger eines Unternehmens sowie die involvierten Mitarbeiter müssen mit jeder neuen technologischen Änderung einverstanden sein, ansonsten die Erneuerung auf keine breitflächige Akzeptanz stösst.

3 Marketing-Konzept

Nachdem der Einsatz sowie die Vor- und Nachteile eines Engineered Systems oder einer Appliance beschrieben wurden, können in einem weiteren Schritt die Marketinginstrumente und -Methoden analysiert werden.

Beim Begriff ‚Marketing' denkt man weitläufig an Verkauf und Werbung. Dieses Verständnis von ‚Marketing' verwundert mit Blick auf die Marketingflut im Fernsehen, in Zeitungen und im Internet nicht sonderlich. Heutzutage wollen die Verkäufer in jedem Moment etwas verkaufen, egal ob im passenden oder im unpassenden Moment. [sinng. Kotler & Armstrong & Saunders & Wong, 2007, S. 29]

In diesem Kontext sagt Kotler: „Wir verstehen Marketing heute als ein Konzept zur Befriedigung von Käuferwünschen". [Kotler & Armstrong & Saunders & Wong, 2007, S. 29]

Marketing ist jedoch längst nicht nur der Verkauf von Produkten. Vielmehr gilt es, die Kundschaft genausten zu identifizieren, um die Produkte auf die Konsumenten anzupassen und Preisentwicklungen abzustimmen. Erst wenn die Kundenbedürfnisse bekannt sind, können auch die nötigen Produkte dafür geschaffen werden. Solch begehrte Produkte sind beispielsweise der erste Walkman, Nintendo Videospielkonsole oder Apples iPod bzw. iPhone. Diese Produkte waren bei den Konsumenten deshalb so begehrt, da mit ihnen ihre Bedürfnisse befriedigt wurden. [sinng. Kotler & Armstrong & Saunders & Wong, 2007, S. 29]

Kotler legt für den Begriff des Marketings folgende Definition fest:" Marketing ist ein Prozess im Wirtschafts- und Sozialgefüge, durch den Einzelpersonen und Gruppen ihre Bedürfnisse und Wünsche befriedigen, indem sie Produkte und andere Dinge von Wert erzeugen, anbieten und miteinander austauschen." [Kotler & Armstrong & Saunders & Wong, 2007, S. 30]

Um die Marketingstrategie zu erstellen, hat Thommen den sogenannten Problemlösungsprozess des Marketings erarbeitet, die meisten Autoren nennen diesen Prozess auch Marketing-Konzept, Marketing-Managementprozess oder Marketing-Plan. Die verschieden Konzepte sind einander im Grunde sehr ähnlich, der einzige Unterschied besteht hauptsächlich darin, dass die verschiedenen Titel unterschiedliche Namen erhielten oder anderen Bereichen zugeordnet werde, so wird die Konkurrenz einmal der Rubrik der Umweltbedingungen zugeordnet oder aber als einzelner Titel aufgeführt. Kuss & Kleinaltenkamp verwenden dabei auch noch die Vorgaben der Unternehmensplanung. In der Firma Tradeware gibt es keine Unternehmensplanung oder ähnliche Vorgaben, die verwendet werden könnten.

Für unsere Problemstellung wurde Thommen's Problemlösungsprozess angepasst (siehe Abbildung 3-1). Dabei wurden die Bezeichnungen für die Unternehmung, den Kunden, die

SWOT-Analyse und die Marketing-Instrumente abgeändert. Die Marketing-Instrumente wurden mit dem Marketing-Mix zusammengeführt. Mit dieser Anpassung kann die vorliegende Problemstellung abgehandelt werden.

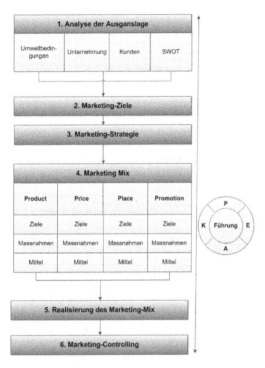

Problemlösungsprozess

Steuerungsfunktionen

Abbildung 3-1: Steuerung des Marketing-Problemlösungsprozesses [sinng. Thommen, 2008, S. 126]

Der Problemlösungsprozess des Marketings deckt somit alle relevanten Problem ab. Der Vorteil des Problemlösungsprozesses besteht darin, dass er in verschiedene Phasen unterteilt werden kann. [sinng. Thommen, 2008, S. 125] Bei diesem Problemlösungsprozess werden alle Phasen des Marketings angesprochen. Diese lassen sich hervorragend auf das Problemfeld der Firma Tradeware anwenden.

3.1 Analyse der Ausgangslage

Im Rahmen der Phase 1 werden die notwendigen Informationen über die gegenwärtige und zukünftige Entwicklung gewonnen. [sinng. Thommen, 2008, S. 126] Hier werden die Umweltbedingungen, die Bedürfnisse und die Unternehmensziele definiert sowie die SWOT-Analyse erstellt. Anhand der SWOT-Analyse ergibt sich das Marketingziel, welches die Grundlage für die Marketingstrategie darstellt.

3.1.1 Tradeware

Die Firma Tradeware wurde im Firmenportrait (Kapitel 1.1) vorgestellt.

Wie im Rahmen der Erläuterung der Problemstellung (Kapitel 1.4) bereits erwähnt wurde, gibt es in der Firma Tradeware keinen expliziten Marketingverantwortlichen. Bisher wurde überwiegend Eventmarketing mit der Firma Oracle durchgeführt. Diese Events wurden jedoch immer von Oracle selbst veranstaltet. Die Firma Tradeware selber war am Anlass mit einem kleinen Stand vertreten, einem sogenannten Point of Sale, wo sie ihre Produkte präsentieren konnte. Die meisten Kunden die ein Engineered-System kauften, waren langjährige Grosskunden oder wurden von Oracle an uns weitervermittelt.

Mit der Firma Violin-Memory führen wir erst seit diesem Jahr eine Partnerschaft. Das ganze „know how" hierfür muss zunächst aufgebaut werden. Die Firma Tradeware arbeitet auch mit der Partnerfirma Benchware zusammen, die ihrerseits Oracle-Datenbanken analysiert und Performance-Messungen durchführt. Über Vermittlung der Firma Benchware wurde Tradeware auf das Unternehmen Violin-Memory aufmerksam.

Wie die IST-Analyse aufzeigt, gibt es einige Marketinglücken auf der Website von Oracle. Wenn unter Oracle.com die Partner EMEA und Schweiz ausgewählt werden, listet Oracle 368 Partner auf. Darunter ist auch die Firma Tradeware zu finden. Wird ein weiteres Kriterium wie Server & Storage Systems angewählt, listet Oracle noch 16 Partnerfirmen auf. Darunter erscheint die Firma Tradeware leider nicht, obwohl diese Dienstleistungen zum Hauptgeschäft der Firma gehören.

https://solutions.oracle.com/scwar/sc/index.html Version 18. Juli 2011 um 17:32 Uhr

Dieser Missstand zeigt auf, dass innerhalb der Firma Tradeware niemand so richtig für das Marketing verantwortlich ist und dieses umsetzt.

3.1.1.1 Organigramm

Bei der Firma Tradeware wird die Hierarchie sehr flach gehalten. Die nachfolgende Abbildung: 3-2 zeigt das Organigramm der Firma Tradeware sowie deren einzelne Abteilungen mit den entsprechenden Führungsverantwortlichen. Die Abteilung ‚Sales' bedeutet übersetzt ‚Verkauf', und mit dem ‚Backoffice' sind die kaufmännischen Angestellten gemeint.

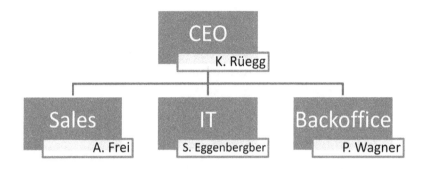

Abbildung 3-2: Organigramm Stand 5 Juli 2012

3.1.1.2 Finanzen

Die finanzielle Situation der Firma Tradeware wird auf Wunsch der Geschäftsleitung in der vorliegenden Arbeit nicht dargestellt. Aus diesem Grund wurden der Veranschaulichung wegen folgende Annahmen getroffen.

Gesamtumsatz:	10'000'000 sFr.
Engineering Systems- und Appliances-Umsatz:	1'000'000 sFr.
Marge Engineering Systems und Appliances	2'00'000 sFr.
Unternehmensgewinn:	1'400'000 sFr.
Eigenkapital:	200'000 sFr.

Bevor die Massnahmen definiert werden, müssen vorab nochmals die Einflussfaktoren der Kosten bzw. die Preispolitik erläutert werden. Langfristig gesehen, muss der erzielte Erlös die Kosten decken. Es kann sein, dass in einer ersten Phase die Selbstkosten noch nicht gedeckt werden können, um in einen neuen Markt einzudringen.

Die Nachfrage wird durch gemessene oder geschätzte Angebotspreise der jeweiligen nachgefragten Menge abgedeckt. Im Normalfall wird von wachsender Nachfrage bei sinkenden Preisen ausgegangen. Bei den Konkurrenzpreisen müssen die Preise am Markt bzw. der Branche angepasst werden.

Die Basis hierfür ist die Produktpositionierung und dessen Produktqualität. Die konkurrenzorientierte Preisfestsetzung wird durch die Stabilisierung oder Veränderung von Marktanteilen bestimmt. Schliesslich ist der Kundennutzen das wichtigste Kriterium: Der Kunde prüft die Garantie, die Serviceleistung, die Zuverlässigkeit und die Pünktlichkeit der Lieferung. [sinng. Kuss & Kleinaltenkamp, 2011, S. 276]

- „**Selbstkosten** der angebotenen Leistung,

- **Nachfrage** nach der Leistung in Abhängigkeit vom Preis,

- **Konkurrenzpreis**,

- Preise anderer Produkte der gleichen **Produktlinie**,

- Einschätzung des **Kundennutzens**, der dem zu zahlenden Preis gegenübersteht." [Kuss & Kleinaltenkamp, 2011, S. 276]

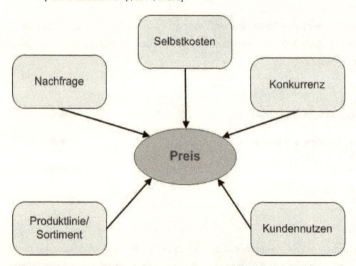

Abbildung 3-3: Einflussfaktoren der Preispolitik [Kuss & Kleinaltenkamp, 2011, S. 276]

Diese Einflussfaktoren (siehe Abbildung 3-3) müssen bei der Strategiebildung mitberücksichtigt werden, damit für Engineered Systems und Appliances eine optimale Strategie entwickelt
werden kann.

Wie in der Zielsetzung definiert wurde, sollte der Jahresumsatz der Engineering Systems und
Appliances um 30% ansteigen. Dies ergibt einen zusätzlichen Mehrumsatz von CHF 300'000.
Die daraus erzielte Marge ist somit CHF 60'000. Die Margen der Engineered Systems beziehen sich auf 17% bis 30% dessen Systeme. In der nachstehenden Tabelle wird der Unterschied der einzelnen Systeme erläutert. Die Margen bei den Standard-Servern können nur
leicht abweichen, da im Gegensatz zu den Engineered-Systemen wie dem individuellen Exadata nur wenig zusätzliche Software oder Dienstleitung verkauft wird. Da es sich dort meistens
um ein Projekt handelt, gibt es grosse Unterschiede bei den Datenbanklizenzen.

Tabelle 3-1: Darstellung der einzelnen Servern

System	Marge	Preis Abgrenzung
X86 Server:	7% bis 9%	ca. 3'000.- bis 30'000 sFr.
Sparc Server:	10% bis 13 %	ca. 20'000.- bis 120'000 sFr.
Oracle Exadata Database Machine:	10% bis 19%	ca. 250'0000.- bis 4'000'000 sFr.
Oracle Database Appliance:	10% bis 17%	60'000.- bis 250'000 sFr.
Violin 6000:	18% bis 30%	180'000.- bis 500'000 sFr.

Wie der Tabelle 3-1 entnommen werden kann, ist nicht nur die Marge bei der Appliance und
dem Engineered-System grösser, sondern auch der Verkaufspreis. Dies ist ein Vielfaches
mehr als bei Standard-Servern wie dem X86 oder den Sparc Systeme[13].

---

[13] Sparc: Ist die Prozessor Architektur die von Sun Microsystems (heute Oracle) entwickelt wurde.

3.1.2 Umweltbedingungen

Auch Kuss und Kleinaltkamp beschäftigen sich mit der Umwelt und den Brachenanalysen. Wie die Abbildung 3-4 zeigt, lassen sich die Überlegungen von Kuss und Kleinaltkamp gut auf die vorliegend erörterte Problemstellung anwenden. Die Umweltfaktoren können wirtschaftliche, soziale/kulturelle, politische/rechtliche oder technologische/ökologische sein. In unserem Fall wäre der entscheidend beeinflussende Umweltfaktor die aktuelle Wirtschaftslage bzw. die Eurokrise.

Wir bewegen uns hier im Gebiet der IT-Reseller-Branche. Der Schwerpunkt der Betrachtung liegt auf dem Unternehmen und dessen Wettbewerber. Die Wettbewerbskräfte sind die Abnehmer und Lieferanten. Der Vorteil der Firma Tradeware liegt darin, dass sie mit zwei unabhängigen Lieferanten arbeitet. Die Firmen Avnet und Techdata arbeiten beide unabhängig voneinander mit Oracle (Hersteller) zusammen und beliefern die Reseller. Damit ist der Vertrieb gesichert. Natürlich müssen auch die Konkurrenten im Auge behalten werden. Wie die Abbildung 3-4 zeigt, beeinflussen die Umweltfaktoren die Branche, während letztere wiederum Einfluss auf das Unternehmen und deren Wettbewerber hat. [sinng. Kuss & Kleinaltenkamp, 2011, S. 127] Diese Umweltbedingungen haben auch Einfluss auf die Firma Tradeware. Es gibt immer mehr Hersteller, die ebenfalls auf Engineered-Systeme und Appliances setzen. Die Firma Tradeware arbeitet bis anhin mit zwei Herstellern, den Firmen Oracle und Violin.

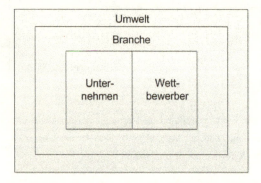

Abbildung 3-4: Umweltbedingungen als Einflussfaktoren des Markes [Kuss & Kleinaltenkamp, 2011 S.127]

Michel & Oberholzer Michel bezeichnen die Umweltfaktoren als sogenannte Umweltsphären. Der Ausdruck ‚Umweltsphäre' stellt schlicht ein Synonym. Entsprechend wurden die verschiedenen Umweltsphären und ihre Indikatoren auf die Firma Tradeware angewandt (siehe Tabelle 3-2). [sinng. Michel & Oberholzer Michel, 2011, S. 38]

Tabelle 3-2: Sphären des Umfelds mit typischen Indikatoren [Michel & Oberholzer Michel, 2011, S. 38]

Umweltsphäre	Indikatoren	Auswirkungen auf die Tradeware
Wirtschaft	Inflation, Arbeitslosigkeit, Energie, Preisniveau, Erhältlichkeit von Rohstoffen	Eine unstabile Lage der Wirtschaft führt zur Verschiebung von IT Projekten.
Politik, steuerlich, rechtlich	Innenpolitik, Gewerkschaften, Steuer, Zölle, Markregulierung	Der Finanzplatz Schweiz schwächelt, durch die Kosteneinsparungen bei allen Banken, müssen auch IT-Projekte verschoben oder gar aufgelöst werden. Dies hat somit auch einen direkten Einfluss auf den Hardware kauf bei der Firma Tradeware.
Sozial, kulturell	Ausbildung, Ein- und Auswanderung, Religio, Umwelt, Bevölkerungsentwicklung, Wirtschaftsgeografie, Lebensstile	Durch die Weiterbildung einzelner Mitarbeiter profitiert die Firma Tradeware.
Technologisch	Neue technologische Erfinden und Anwendungen, die den Markt beeinflussen können.	Engineered Systems und Appliances verändern den IT-Markt neu.

Diese Aufstellung macht deutlich, dass die Wirtschaftskrise den Bankensektor beeinflusst. Einer der drei A-Kunden (siehe Kapitel 3.1.6.2) ist eine Bank. Die Kunden können die IT-Projekte zwar nicht stoppen, aber hinauszögern. Aus diesem Grund ist eine Marketingstrategie wichtig, um vorab den Markt und dessen Umweltbedingungen zu analysieren.

3.1.2.1 Wettbewerber

Das Verhalten der Wettbewerbern bzw. der Konkurrenten variiert je nach Branche. Auch in der Oracle Hardware-Branche ist die Verschiebung von Marktanteilen gering unter den Resellern. In andern Branchen wie im Detailhandel gehören stürmische Preiskämpfe und aggressive Werbung zur Tagesordnung. Somit gibt es in anderen Branchen deutlich mehr Marktanteilsverschiebungen. [sinng. Kuss & Kleinaltenkamp, 2011, S. 130]

Die Firma Tradeware hat im Oracle-Umfeld noch drei ernstzunehmende Konkurrenten, welche ebenfalls auf dem Markt Oracle-Hardware vertreiben. Es sind dies die Firmen Warex, Acceleris und Sosys. Die Firma Oracle selber ist davon natürlich ausgeschlossen, obwohl Oracle auch direkte Verkäufe abschliesst. Besser sieht es mit Violin aus, diese Firma betreibt nur mit der Firma Tradeware und der Partnerfirma Lake Solution eine Partnerschaft.

Es kann vorkommen, dass die Firma Tradeware eine Kundenanfrage hat, in deren Fall das Produkte sowohl von Violin-Memory und als auch von Oracle offeriert werden kann. Die Firma Tradeware wird jedoch immer vorab entscheiden, mit welchem Produkt bzw. mit welcher Firma sie beim Kunden vorstellig wird. Mit beiden Firmen zu offerieren, würde nur zur Unzufriedenheit von Oracle und Violin führen. Neben Oracle und Violin Memory-Produkten gibt es auch noch andere Konkurrenzprodukte. Wie das Diagramm 3-5 aufzeigt, gibt es viele Kunden, die eine Oracle-Datenbank für Datawarehouse verwenden. 40.5% läuft auf Oracle-Hardware. In diesen 40.5% finden sich auch Engineered Systems und Appliances. Diese Daten stammen allerdings aus dem Jahr 2011.

Oracle Datenbanken für Datawarehouse

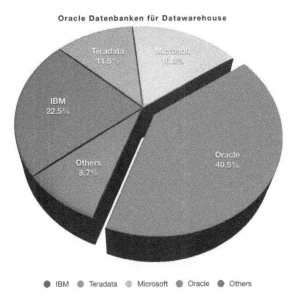

● IBM   ● Teradata   ● Microsoft   ● Oracle   ● Others

Abbildung: 3-5: Grösse des Marktes ist 6.7 Billionen $ und wächst mit 14.6% (2011) [Oracle 5, 2011, Seite 3]

Damit ein Produkt direkt mit jenem anderer Hersteller verglichen werden könnte, müsste ein PoC (Proof of Conecpts) gemacht werden. Ein solcher PoC analysiert das einzelne Projekt sowie individuelle Problem. Ein Proof of Concept wird oft auch Machbarkeitsstudie genannt, da ein Engineered-System oder eine Appliance bei jedem Kunden meist anders konfiguriert oder auch lizenziert wird. Ein normaler Produktevergleich wäre somit nicht aussagekräftig.

3.1.2.2 Unternehmen

Mit Hilfe von Marktforschungsmethoden können die Kundenbedürfnisse abgeklärt und die relevanten Märkte für das Unternehmen analysiert werden. Diese Resultate widerspiegeln die Bedürfnisse der tatsächlichen oder potenziellen Kunden. [sinng. Thommen, 2008, S. 127] Bezüglich Engineered Systems hat die Firma Oracle bereits eine Marktforschungsanalyse erstellt. Wie Markus Schäublin im Kapitel 3.1.5.1 erwähnt, wurden bereits über 1'000 Exadata's verkauft. Dies zeigt, dass die Nachfrage da ist. Der grösste Teil der Kunden ist im Finanzsektor, in der Versicherungsbranche, in der IT-Dienstleistung, in der Telekommunikationsbranche, im Rohstoffhandel und im Pharmabereich zuhause. Das Bedürfnis der meisten Kunden ist es, Kosten zu sparen und die IT zu konsolidieren.

Thommen spricht in diesem Kontext noch die sogenannten 7 K's an. Diese sieben K's können direkt auf die Bedürfnisse der Firma Tradeware umgesetzt werden:

1. Kunden

Wer bildet den Markt?

Es sind dies im Wesentlichen Privatbanken, Versicherungsgesellschaften, IT-Dienstleister, Telekommunnikationsfirmen, Pharmafirmen, Rohstofffirmen und kleinere Unternehmen.

2. Kaufobjekte

Was wird gekauft?

Standard Server, Storage, Dienstleistungen, Engineered-Systeme, Appliances

3. Kaufziele

Warum wird gekauft?

Weil die Kunden Bedarf an IT-Hardware oder dessen Dienstleistung haben.

4. Kaufbeeinflusser

Wer spielt mit im Kaufprozess?

Der Kunde und der Verkäufer der Firma Tradeware.

5. Kaufprozesse

Wie wird gekauft?

Hersteller (Oracle, Violin) → Distributor (Avnet, Techdata) → Reseller (Tradeware) → Kunde

Die Lieferung der Systeme erfolgt meistens über die Schweizerische Post oder über eine Versandfirma wie DHL oder Kühne + Nagel.

6. Kaufanlässe

Wann wird gekauft?

Zu unterschiedlichen Zeitpunkten, je nach Projekt und Bedürfnis.

7. Kaufstätten

Wo wird gekauft?

Bei der Firma Tradeware oder einem anderen Reseller oder bei Oracle direkt.

Alle Bestellungen gehen via Telefon oder via Email ein. [sinng. Thommen, 2008, S. 132]

3.1.3 Benchware

Die Firma Benchware von Manfred Drozd hat sich auf Messungen im Oracle-Umfeld spezia-lisiert. Die Firma Tradeware ist bei der Firma Benchware mitbeteiligt. Eine Zusammenarbeit besteht bereits, allerdings wird im Marketingumfeld nicht viel gemeinsam vollbracht. Bench-ware hat bereits mehrere Systeme ausgemessen, so das Exadata V2, X2 und die Oracle Database Appliances.

Wir Menschen tendieren dazu, alles, was messbar ist, zu bewerten. Gerade beim Messen ist es aber wichtig, keine verfälschten Messergebnisse zu produzieren. Dazu es gibt viele Mess-techniken und Verfahren. Was hierbei jedoch nicht in Vergessenheit geraten darf, sind die Funktionspunkte und die Kosten. Um eine vollständige Messabdeckung bewerten zu kön-nen, muss auch eine empirische[14] Bewertung durchgeführt werden. Aus diesem Grund soll-ten bei Messungen folgende Kriterien berücksichtig werden:

- Erlernbarkeit

- Anwendbarkeit

- Wartbarkeit

- Verständlichkeit

- Handhabbarkeit

- Erweiterbarkeit

Diese Liste kann individuell erweitert werden, die Schwierigkeiten dabei besteht in der Klas-sifizierung der einzelnen Kriterien. [sinng. Krüger & Sellmann-Eggebert, 2003, f.] Die Firma Benchwa-re hat sich wesentlich auf Oracle-Datenbanken spezialisiert, um unterschiedliche Systeme und die jeweilige Performance aufzuzeigen. Die Zusammenarbeit mit der Firma Benchware bezüglich Kundenprojekten ist bis jetzt nur zögerlich angelaufen.

---

[14] Empirisches Wissen bedeutet Erfahrungswissen (Erhebung von Informationen)

3.1.4 Violin-Memory

Violin wurde im Jahre 2005 von Jon Bennett und Donpault Stephens gegründet. Das Unternehmen stellt Produkte für Firmen her, die ihre geschäftskritischen Anwendungen beschleunigen möchten. Mit skalierbaren, patentierten Flash[15]-Speicher-Systemen hat die Firma Violin unterschiedliche Produkte in ihrem Portfolio. [sinng. Violin-memory.com 1]

Produkt

Die 6000er von Violin-Memory ist eine hochverfügbare Appliance, die über Flash-Technologie verfügt. Die Appliances können auf zwei unterschiedliche Arten konfiguriert werden. Flashspeicher gibt es für Performance oder Flash für Kapazität. Je nach RAID (Redundant Array of Independent Disks) Konfiguration sind somit 16 Terrabyte bis 32 Terrabyte möglich. [sinng. Violin-memory.com 2]

Abbildung: 3-6: 6000 Flash Memory Array von Violin-Memory [Violin-memory.com 2]

Dieses Appliance kann als hochverfügbares System eingesetzt werden, dies auch im Bereich OLTP und Datawarehouse (verweis Kapitel 2.1.4 oder 2.1.5).

Die Firma Tradeware hat bis jetzt noch keine Violin-Produkte verkauft, jedoch werden solche Verkäufe angestrebt.

---

[15] Flash-Speicher gewährleistet eine Speicherung von nichtflüchtigen Daten, mit einem niedrigen Energie verbrauch

3.1.5 Oracle

Oracle wurde im Jahre 1977 von Lawrence J. (Larry) Ellison gegründet und beschäftigt weltweit 108'000 Mitarbeitende. Oracle hat mehr als 380'000 Kunden. Durch die Übernahme durch Sun Microsystems hatte auch die Firma Tradeware mit Oracle direkt zu tun. Die Firma Oracle ist eine innovative Firma mit exzellenten Produkten. [sinng. Oracle.com 2, 2012]

Der Produkte-Fokus bei Oracle liegt auf den folgenden Produkten.

3.1.5.1 Oracle Exadata Database Maschine

Die Exadata wird im Bereich OLTP oder Datawarehouse eingesetzt. Durch die hohe Verfügbarkeit ist die Exadata eines der schnellsten Datenbanksysteme im Datawarehouse-Umfeld (siehe hierzu mehr unter Kapitel 2.1). [sinng. Oracle.com 3, 2012] Wie dem Interview mit Markus Schäublin (siehe Anhang E Interview) entnommen werden kann, wurden in der Schweiz bis jetzt 20 Exadata's Verkauft. EMEA[16]-weit sind es 850 und Weltweit sind es schon über 1000 Exadata's (Stand Juli 2011).

Abbildung: 3-7 Oracle Exadata Database Machine Full Rack [Oracle.com 3, 2012]

---

[16] EMEA heisst der Wirtschaftsraum in Europe / Middle-East / Africa

3.1.5.2 Oracle Database Appliance

Abbildung 3-8: Oracle Database Appliance [Oracle.com 4, 2012]

Wie der Name bereits sagt, ist die Oracle Database-Appliance eine Datenbank-Appliance für Oracle11g. Diese Appliance kann mit einer sogenannten ONE-Button-Installation (Knopfdruckinstallation) installiert werden. Die Appliance ist redundant und somit hochverfügbar und beinhaltet Software-, Server-, Storage- und Netzwerklösung, die innert kurzer Zeit in Betrieb genommen werden kann (mehr bezüglich Engineered Systems und Appliances unter Kapitel 2.1). [sinng. Oracle.com 4, 2012]

3.1.6 Kunden

Wie bereits erwähnt, werden in der vorliegenden Arbeit die Kundennamen nicht bekannt gegeben. Bedauerlicherweise gibt die Geschäftsleitung auch die Umsatzzahlen nicht bekannt. Wie unter Kapitel 3.1.6.2 dargestellt, handelt es sich bei unseren Kunden um private Banken, Versicherungsgesellschaften, IT-Dienstleister, Telekommunikationsfirmen, Pharmafirmen, Rohstofffirmen sowie um Kleinunternehmen. Ab einer Mitarbeitergrösse von ca. 300 Personen in einem Unternehmen lässt sich ein Engineered System sinnvoll einsetzen, während eine Appliance auch an kleinere Unternehmen verkauft werden kann. Letztlich aber ist eine Festlegung auf Zahlen nicht möglich, sondern muss die Sinnhaftigkeit eines Systemeinsatzes von Projekt zu Projekt individuell analysiert werden.

Die Hauptfrage des Kunden ist natürlich die, welche IT-Investitionen sich für das Unternehmen überhaupt lohnen. Diese Frage beherrscht die Diskussionen zwischen den IT-Verantwortlichen und dem Top-Management. Keuper sagt hierzu: "Diejenigen IT-

Investitionen, die den grössten Beitrag zu Umsetzung der Unternehmensziele bei möglichst geringen Kosten leisten, sind ökonomisch sinnvoll." [Keuper, 2010, S. 58] Es handelt sich dabei um IT-Investitionen, die sich an den Zielen der Unternehmungsstrategie orientieren. Mittels einer Investitionsanalyse sollte es möglich sein, die Wettbewerbsfähigkeit zu steigern und damit den Unternehmenswert zu erhöhen. [sinng. Keuper, 2010, S. 58]

Im Exadata-Umfeld sind die sogenannten Stakeholders ein wichtiger Aspekt, da es sich dabei zumeist um Projekte ab CHF 300'000 handelt. Somit werden als nächstes die betroffenen Stakeholder analysiert.

3.1.6.1 Stakeholder

„Ein Stakeholder ist demnach jeder, der einen Anspruch an ein Unternehmen hat, weil er durch das Handeln dieses Unternehmens betroffen ist". [Thommen, 2008, S. 53]

Mit der Einführung des Balancedreiecks wird ersichtlich, welche Stakeholder für welchen Bereich tätig sind. Wie in Abbildung 3-9 aufgezeigt, bezieht sich das Architekturmanagement auf die Engineered-Systeme und Appliances.

Der vom Kunden erstellte Auftrag bzw. Massnahmenkatalog wird der Firma Tradeware übergeben. Anlass für einen solchen Auftrag sind Business- oder IT-Bedürfnisse. Es können dies Konsolidierungsmassnahmen oder auch der Lebenszyklen der IT sein. Auf der Grundlage eines klar strukturierten Auftrages werden die entsprechenden Erwartungen und Anforderungen durch die Firma Tradeware ausgearbeitet. Diese Ausarbeitung übernimmt der IT-Consultant von Tradeware in Zusammenarbeit mit dem jeweiligen Verkaufsberater. Es sei an dieser Stelle festgehalten, dass sich aus einer solchen Ausarbeitung auch ein Ex-Cite-Training entwickeln kann (mehr dazu unter Kapitel 3.4.1.1.). Anlässlich solcher Ex-Cite-Trainings wird oftmals der Rat von Oracle herangezogen.

Die erstellten Lösungsvorschläge werden sodann den Kunden bzw. den adressierten Stakeholdern präsentiert. [sinng. Dern, 2009, S. 112]

**Reife des Unternehmens
bzgl. eines übergreifenden
Architekturmanagement**

**Erwartungen und
Anforderungen der
Stakeholder**

**Konkreter
Auftrag**

Abbildung 3-9: Balancedreieck zur Einführung der Architekturpyramide [Dern, 2009, S. 112]

Bei den meisten Kunden baut die Geschäftsstrategie nicht auf der IT-Strategie auf, sondern wird unabhängig von letzterer konzipiert. Somit kommunizieren das Top-Management und das IT-Management meistens nicht auf derselben Ebene. Wie bereits unter Kapitel 2.2 erwähnt, sollte die IT-Strategie die Geschäftsstrategie unterstützen. Aus diesem Grund ist es wichtig, beide Managements in die Analyse miteinzubeziehen. Die IT-Organisation lässt sich in zwei Kategorien einteilen, in jene der Werttreiber und in jene der Kostentreiber. [sinng. Crameri, 2010, S. 2] Diese Unterscheidung sollte dem Verkäufer bzw. Berater im Gespräch mit dem Kunden bekannt sein.

Wie Abbildung 3-10 aufzeigt, können Stakeholder interne und externe Anspruchsgruppe sein. Besonders erwähnenswert sind die externen Stakeholder. Da es bei Engineered Systems und Appliances um mehr als CHF 300'000.- geht, sollte das C-Level-Management (CEO, COO, CFO, CIO) von Anfang miteinbezogen werden. In den meisten Fällen trifft das C-Level-Management den Schlussentscheid darüber, ob ein Produkt angeschafft werden soll oder nicht. Zudem werden in der Grafik die Anforderungen und Wünsche der einzelnen Stakeholder erläutert.

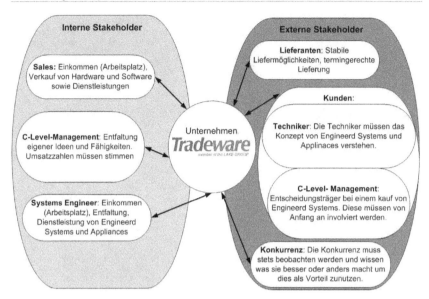

Abbildung 3-10: Interne – und externe Stakeholders

3.1.6.2 ABC-Analyse

Thommen bezieht sich bei der ABC-Analyse auf die Materialwirtschaft [sinng. Thommen, 2008, S. 253], jedoch kann diese Analyse gemäss Homburg auch auf die Kunden und Kundensegmente sowie auf die Märkte angewandt werden. Die ABC-Analyse ist ein Instrument, um in bestimmten Bereichen eine Konzentrationsanalyse zu erstellen. Wichtigere oder weniger wichtige Objekte werden somit identifiziert und in einer Grafik dargestellt. Um die Identifikationsgrössen aufzulisten, wird zumeist das Umsatzkriterium angewandt. [sinng. Homburg, 2012, S. 1178] Wie der folgenden Abbildung 3-11 entnommen werden kann, werden die Kunden nach Umsatz aufgelistet und in die drei Kategorien A-Kunden, B-Kunden und C-Kunden aufgegliedert. Vorliegend sind die Hardware und der Dienstleistungsumsatz zusammengeschmolzen. Damit wird auch die sogenannte 80/20-Regel ersichtlich, die nachfolgend erläutert wird.

Von diesen 16 verschiedenen Kunden besitzen drei Kunden ein Engineered-System bzw. ein Exadata, es handelt sich dabei um zwei A-Kunden und einen B-Kunden.

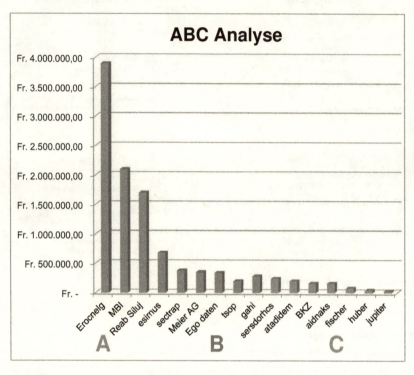

Abbildung 3-11: ABC Analyse mit den Kunden der Tradeware

3.1.6.3 80/20 –Paretoprinzip

Die 80/20-Regel lässt sich anhand folgender Frage erläutern: Wie viel Prozent des Resultats können mit wie viel Prozent des Aufwandes erreicht werden? Auf diese Weise können 80% des Arbeitsaufwandes durch 20% der aufgewandten Zeit erreicht werden. Die 80/20-Regel kann natürlich auch auf Aufwand und Ertrag oder Ursachen und Wirkung oder Anstrengung und Ergebnis ausgelegt werden. [sinng. Jenny, 2010, S. 149] Auf diese Weise lässt sich diese Regel auch auf die Firma Tradeware übertragen, denn 20% der Kunden bringen 80% des Umsatzes. Wie der Abbildung 3-11 zu entnehmen ist, sind es zu 20% die sogenannten A-Kunden, die 80% des Umsatzes ausmachen. Bei 16 Kunden der Firma Tradeware sind dies mathematisch betrachtet 3,4 Kunden. Der Umsatz wird bei der nachstehenden Rechnung aufgezeigt.

Erocnelg (Rohstoff)   3'900'000 sFr.

MBI (IT-Dienstleister)   2'900'000 sFr.

Reab Siluj (Bank)   1'700'000 sFr.

Total: 8'500'000 sFr. ⎯⎯⟶ 85% vom Gesamt Umsatz (10'000'000 sFr.)
mit 3 Kunden.

Die drei A-Kunden stellen für die Tradeware ein Klumpenrisiko dar. Würde nämlich einer der beiden Kunden zur Konkurrenz überlaufen, hätte dieser Kundenverlust eine grosse Umsatzeinbusse für die Firma Tradeware zur Folge. Deswegen ist es wichtig, möglichst viele Kunden mit mittleren Umsätzen beizubehalten, um auf diese Weise das Kundenportfolio der Tradeware zu diversifizieren. Je grösser der Dienstleistungsumsatz, desto höher im Vergleich zum Verkauf von Hardware die Margen, dieser Umstand sollte genutzt und entsprechend ausgebaut werden.

3.1.6.4 Kundenzufriedenheit

Die Kundenzufriedenheit bei der Firma Tradeware ist sehr hoch. Dies bestätigen u.a. die langjährigen Geschäftsbeziehungen. Jedoch gibt es keine offizielle Kundenzufriedenheitsanalyse. Jedes Jahr zu Ostern werden als Dank für die Kundentreue Schokoladenosterhasen im Wert von ca. CHF 8'000.- den Kunden persönlich überreicht. Anhand dieser Marketingaktion wird jährlich ein Kundenfeedback generiert. Interessant dabei ist die Beobachtung, dass sich alle Kunden für einen Termin um Ostern herum Zeit nehmen. Dieser Umstand bestätigt diese Marketingaktion.

Kotler erläutert, dass es zwei Gruppen von Kunden gibt: Die neuen Käufer und die Wiederholungskäufer. In der Regel ist es aufwändiger, Neukunden zu gewinnen als bestehende Kunden zu halten. Aus diesem Grund ist es äusserst wichtig, die bestehende Kundschaft zu pflegen, damit diese auch nachhaltig zufrieden ist und erhalten bleibt. Tatsache ist: Ein zufriedener Kunde kauft mehr als ein unzufriedener Kunde. [sinng. Kotler & Armstrong & Saunders & Wong, 2007, S. 46]

Die Definition hierfür ist folgende: "Zufriedenheit entsteht als Empfindung des Kunden durch seinen Vergleich von wahrgenommenem Wertgewinn (als Resultat des Kaufs) und erwartetem Wertgewinn (vor dem Kauf)." [Kotler & Armstrong & Saunders & Wong, 2007, S. 46]

3.1.7 SWOT

Es gibt mehrere Methoden, um eine Situationsanalyse eines Unternehmens zu präsentieren. Eine Möglichkeit ist die sogenannte Stärken- und Schwächenanalyse. Bei der Stärken- und Schwächenanalyse fehlen allerdings die Bereiche ‚Risiko und Chancen', weswegen diese Analyse vorliegend weniger zur Anwendung kommt. Eine weitere Methode ist die sogenannte Konsistenzmatrix. Die Konsistenzmatrix zeigt anhand des Konsistenzprinzips die Wettbewerbsvorteile auf. Als Kriterium werden jene Parameter genommen, die vom Kunden als wichtig erachtet werden. Da aktuell jedoch die meisten Kunden unsere Engineered Systems und Appliances noch nicht kennen, würden einige Parameter fehlen, um eine vollständige Analyse zu erstellen. Angesichts der aktuellen Problemstellung wird auf die sogenannte SWOT-Analyse zurückgegriffen. [sinng. Homburg, 2012, S. 486]

Die SWOT-Analyse (**S**trengths, **W**eaknesses, **O**pportunities, und **T**hreats) analysiert die relevanten Umwelt- und Unternehmensfaktoren. Für die Analyse können und müssen mehrere organisationsinterne und -externe Daten geprüft werden. Durch eine SWOT-Analyse können diese Daten zusammengeführt und solcherart erhoben werden. Dies zeigt das Finale der Situationsanalyse und beantwortet die Ausgangsfrage: Wo stehen wir? [Busch & Fuchs & Unger, 2008] Im Anschluss an die SWOT-Analyse können die Marketing-Ziele definiert werden.

Tabelle 3-3: SWOT Analyse für die Firma Tradeware [sinng. Becker, 2000, S. 5]

Faktoren-ebene \ Faktoren-tendenz	positiv	negativ
Unternehmen	**Stärken (Strengths)** • Geschulte Mitarbeiter • Firmen eigenes IT-Personal mit guten Kenntnissen in Engineered System und Appliances • Partnerschaft mit Benchware für Messungen • Einer der ersten Violin Partner in der Schweiz	**Schwächen (Weaknesses)** • Wenig kontakte zu C-Level Management • Keine Marketing Abteilung • Keine Marketing Strategie
Umwelt	**Chancen(Opportunities)** • Mit Marketing Strategie neue Märkte erschliessen • Durch Referenz Kunden Business Cases erstellen • Durch die zwei unterschiedliche Hersteller unabhängige Produkte anbieten können	**Risiken (Threats)** • Oracle's Ruf wird zunehmend schlechter • Produkte sind zu teuer • Kunden sehen eine zu grosse Abhängigkeit vom Hersteller • Violine kennt noch niemand • Die Kunden verstehen den Engineered Ansatz nicht

Strategische Ansatzpunkte:	Nutzen bzw. Ausschöpfen	Begrenzen bzw. Abbauen

Stärken

Die Stärken der Firma Tradeware liegen auf der Hand: Die langjährige Kundenbindung macht deutlich, dass die Kunden mit der Leistung der Firma Tradeware zufrieden sind. Die langjährigen Erfahrungen der Mitarbeiter und ein gut ausgebildetes IT-Personal tragen dazu bei. Auch im Bereich Violin-Memory leistet die Firma Tradeware Pionierarbeit. Des Weiteren gestaltet sich die Zusammenarbeit mit Benchware hervorragend.

Schwächen

Ein Schwachpunkt der Firma Tradeware ist der nur geringe Kontakt zum C-Level-Manager. Dies wird spürbar im Bereich Engineered Systems. Bezüglich der Marketingstrategie wurden bereits einige Punkte genannt, so beispielsweise die fehlende Präsenz auf oracle.com. Zudem gibt es nur wenig unabhängige Veranstaltungen, an denen sich die Firma Tradeware präsentiert. Eine weitere Schwachstelle ist der Umstand, dass die Firma Tradeware meistens im Schatten von Oracle steht.

Chancen

Die Chancen von Tradeware liegen in der vorliegend erarbeiteten Marketing-Strategie, mittels derer es möglich sein sollte, sowohl bestehende Kunden mit Appliances oder Engineered-Systemen auszurüsten als auch neue Märkte zu erschliessen. Wie schon mehrfach erwähnt, ist es unerlässlich, dass der Anbieter bzw. der zuständige Verkäufer den Einsatz dieser Systeme kennt und bereits auf der Stufe der Abklärungen die notwendige Verkaufsargumentation beherrscht. Durch die Zusammenarbeit mit Benchware können neue Kunden gewonnen und die Appliances und Engineered Systems präsentiert werden. Durch einen zweiten Hersteller wie Violin hat die Firma Tradeware noch ein weiteres Produkt im Angebot, das mit Ausnahme der Lake Solution durch keinen anderen Reseller vermittelt wird. Wie erwähnt, besteht mit der Firma Lake Solution aber eine Partnerschaft.

Risiken

Ein Risikofaktor ist der als mässig zu beurteilende Ruf von Oracle, der sich auch während der letzten Monate nicht verbessert hat. Ein grosser Teil der Kunden beanstandet die teuren Datenbanklizenzen und bewertet damit auch die meisten Produkte schlecht. Zudem stellt sich angesichts der Anschaffung eines Engineered-Systems oder einer Appliance die Kundenbefürchtung ein, sich damit in eine allzu starke Abhängigkeit zum Hersteller zu begeben, da zur Wartung des Systems und zur Problembehebung ein Oracle-Spezialist notwendig ist. Ein weiteres Risiko liegt im Umstand, dass die Kunden, da sie den Ansatz und die Vorteile eines Engineered-Systems nicht kennen, allein durch den hohen Kaufpreis abgeschreckt sind. Zu bedenken ist sodann, dass die Produkte der Firma Violin im Gegensatz zu jenen der Firma Oracle noch kaum bekannt sind, was beim Kunden ebenfalls Unsicherheit hervorrufen kann.

SWOT-Matrix

Auf der Grundlage der erstellten SWOT-Analyse werden nun die vier möglichen Fälle kombiniert: Bei der sogenannten SO-Strategie (SO: **S**trengths und **O**pportunities) trifft eine Stärke auf eine Chance. Diese Strategie ist eine der wichtigsten und sollte ausgenutzt werden. Die WO-Strategie (WO: **W**eaknesses und **O**pportunities) kombiniert eine Schwäche mit einer Chance. An dieser Stelle kann versucht werden, die Schwäche in eine Stärke zu verwandeln. Bei der WO-Strategie handelt es sich also um diejenige Strategie mit dem grössten Verbesserungspotenzial.

Sodann gibt es die ST-Strategie (ST: **S**trengths und **T**hreats): Eine Stärke trifft auf ein Risiko. Die ST-Strategie muss gut im Auge behalten werden, auf dass sich die Stärke nicht in eine Schwäche umwandelt. Zu guter Letzt gibt es noch die WT-Strategie (WT: **W**eaknesses und **T**hreats): Eine Schwäche trifft auf ein Risiko. Diese Strategie äussert die schlimmste Befürchtung. In einem solchen Fall ist es angebracht, sich mit dem Produkt vom Markt zurückzuziehen. [sinng. Michel & Oberholzer Michel, 2011, S. 41]

Diese vier genannten Strategien werden auf der Grundlage der SWOT-Analyse erstellt und in der Tabelle 3-4 erläutert. Die Fakten sprechen für sich, und die dargestellten Schwierigkeiten können teils mit nur wenig Aufwand behoben werden.

Tabelle 3-4: SWOT-Matrix [sinng. Michel & Oberholzer Michel, 2011, S. 41]

SWOT-Matrix	Externe Analyse	
	Chancen (Opportunities)	Risiken (Threats)
Stärken (Strengths)	**SO-Strategien** • Bewusster die Partnerschaften mit Benchware nutzen für neue Marketing Kampagnen • Anhand gezielter Marketing Aktionen die Firma Violin-Memory beim Kunden aufmerksam machen • PoC Erfahrung nutzen um Referenz Projekte zu präsentieren	**ST-Strategien** • Gezielte Marketing Massnahmen um Oracle Ruf zu verbessern • Violin-Memory als Partner mehr Benützen und Publizieren • Mit Mess Ergebnissen den Appliances und Engineered Ansatz den Kunden beweisen
Schwächen (Weaknesses)	**WO-Strategien** • Durch Präsenz bei CEO/CIO Events neue Kontakte knüpfen • Mit einem Marketing Verantwortlichen und einer Marketing Strategie neue Märkte erschliessen • Business Cases als Marketing Referenz nutzen	**WT-Strategien** • Umorientierung oder Abbau der Mitarbeiter • Zusätzlicher alternativ Partner wie Violin-Memory suchen

(Interne Analyse - linke Achsenbeschriftung)

3.2 Marketing-Ziele

Mittels der Analyse der Ausgangslage wurde die Frage beantwortet: „Wo stehen wir?". Die SWOT-Analyse hat diese Ausgangslage verbildlicht. Nun stellt sich die Frage nach den erreichbaren Zielen. Zur Beantwortung dieser Frage müssen die entsprechenden Zielvorstellungen entwickelt werden. Die Voraussetzung zur Beantwortung dieser Frage ist ein klares, langfristiges und sinnvoll ausgerichtetes Zielsystem. [Busch & Fuchs & Unger, 2008 S.129]

Bevor eine Marketingstrategie ausgearbeitet werden kann, müssen die nötigen Marketing Ziele definiert werden. Wie in der Abbildung 3-12 gezeigt wird ist die erste Ebene die Marketingzeile „Wo wollen wir hin?". Wenn dies bekannt ist, kann die sogenannte Route bzw. der Weg festgelegt werden. Die dritte Ebene ist der Marketing Mix und die dazugehörigen Marketing Instrumente. Um einen erfolgreiches Marketing umzusetzen, müssen alle Ebenen aufeinander aufbauen. [sinng. Becker, 2000, S. 1 f.]

Abbildung 3-12 Die Konzeptionspyramide und ihre konzeptionellen Bausteine [Becker, 2000, S. 2]

Auch Meffert & Burmann & Kirchgeorg betonen, dass die Marketingziele nur mittels ausgewählter Marketinginstrumente erreicht werden können. Die Marketingziele werden durch die übergeordneten Unternehmensziele definiert. Diese sind neben den finanziellen Zielen wie Rendite, Umsatz, Gewinn und Deckungsbeitrag die sogenannten ‚vorökonomischen' Ziele wie umweltschutzbezogene oder ökologische Ziele. Meffert & Burmann & Kirchgeorg haben sich folgende Frage gestellt: „Was wollen wir erreichen?" [sinng. Meffert & Burmann & Kirchgeorg, 2009, S. 3 f.] Zur Beantwortung dieser Frage hat Homburg eine Tabelle entwickelt (siehe Tabelle 3-5), welche die Unternehmensziele in die drei Bereiche potenzialbezogene, markterfolgsbezogene und wirtschaftliche Marketingziele aufgliedert. Diese Gliederung wird auf die Ziele der Firma Tradeware übertragen. Die nötigen Inputs hierfür liefert die SWOT-Analyse.

Tabelle 3-5: Systematisierung der Marketingziele des Unternehmens [sinng. Homburg, 2012, S. 428]

Potenzialbezogene Marketingziele	Markterfolgsbezogene Marketingziele	Wirtschaftliche Marketingziele

Es wurde bereits mehrfach darauf hingedeutet, dass der Bekanntheitsgrad von Engineered-Systemen und Appliances im spezifischen Umfeld noch sehr gering ist. Auf der anderen Seite ist die Kundenzufriedenheit bei jenen Kunden, die bereits ein solches System besitzen, sehr hoch, was als Referenz genutzt werden sollte.

3.2.1 Potenzialbezogene Marketingziele

Die Firma Tradeware hat bei früheren Sun Mircosystems-Kunden sicherlich einen hohen Bekanntheitsgrad, allerdings kennen noch nicht alle Kunden die Firma Tradeware im Oracle-Umfeld. Wie unter Kapitel 3.1.6.4 erwähnt, hat die Firma Tradeware ein gutes Image. Empfehlenswert aber wäre es, die Kundenzufriedenzeit mittels einer CRM-Datenbank (CRM: Customer Relationship Management) abzubilden. Alle positiven und negativen Informationen können in das CRM eingefügt und ausgewertet werden. Anhand einer solchen Auswertung können die Marketingziele jedes Jahr neu definiert und allfällige Marketingmassnahmen getroffen werden.

Das potenzialbezogene Marketingziel der Tradeware sollte darin bestehen, dass alle Kunden wissen, dass die Firma Tradeware ein Spezialist in Bereich von Engineered-Systemen ist. Dieses Ziel wurde durch Events mit Oracle teilweise bereits umgesetzt. Zudem sollte das Image der Firma Tradeware bezüglich Dienstleistung verbessert werden. Denn die meisten Kunden kennen die Firma Tradeware nur als einen Hardware-Lieferanten.

3.2.2 Marktbezogene Marketingziele

Was die marktbezogenen Marketingziele anbelangt, sollte sich der Absatz bezüglich Sparc Servern und X86 Servern halten oder leicht ansteigen, während er mit Blick auf Engineered

Systems zwingend steigen muss. Hier erweist sich die Kundenloyalität als grosser Vorteil. Gute Dienstleistungen sollen es möglich machen, diesen Kundenstamm beizubehalten. Mit dem Verkauf Engineered-Systemen und Appliances sollen darüber hinaus aber auch Neukunden akquiriert werden und diese zu potentiellen Käufern auch von X86 und Sparc Servern zu machen. Um diese Systeme platzieren zu können, müssen Kontakte zum C-Level-Management geknüpft werden. Zusätzlich sollte die Zusammenarbeit mit Benchware verstärkt werden.

Ziel ist es also, 10% Neukunden für Engineered-Systeme und Appliances zu gewinnen. Gemäss der ABC-Analyse (siehe Kapitel 3.1.6.2) besitzt die Firma Tradeware 16 Kunden, die regelmässig Hardware kaufen. 10% davon wären 1.6 Kunden. Es gilt also, ein bis zwei neue Kunden für Engineered-Systeme oder Appliances zu gewinnen.

3.2.3 Wirtschaftliche Marketingziele

Ziel ist es, durch den Verkauf von Engineered-Systemen und Appliances den Umsatz um 30% zu steigern. Wie unter Punkt 3.1.1.2 erläutert, entspräche dies einem Umsatz von CHF 300'000 Umsatz und einer Marge von ca. CHF 60'000. Die individuelle Marge ergibt sich durch das System, die Lizenzierung und die entsprechende Dienstleistung.

Durch den Verkauf von Engineered-Systemen und Appliances bzw. mit Hilfe eines gezielten Marketing-Mixes (siehe Kapitel 3.4) kann auch ein höherer Gewinn erzielt werden. [sinng. Weisman, 1991, S. 41]

Es wurden die drei Marketingziele definiert und von der Problemstellung abgeleitet. Weissmann erläutert hierzu, dass sich die Strategie aus den Zielen ableitet. Nur klar definierte Ziele können gemessen und strategisch umgesetzt werden. Dieser Grundsatz soll nachfolgend nun erläutert werden.

3.3 Marketing-Strategie

Vor dem Hintergrund definierter Marketing-Ziele wird die nötige Marketing-Strategie umgesetzt. Die Marketing-Strategie lässt sich, wie Abbildung 3-13 zeigt, mit dem sogenannten strategischen Dreieck (auch Marketing-Dreieck genannt) bildlich darstellen. Dieses Dreieck stellt die wichtigsten Einflussfaktoren der Strategie dar. Im Mittelpunkt der Strategie steht die Wahl der strategischen Option. [sinng. Kuss & Kleinaltenkamp, 2011, S. 52]

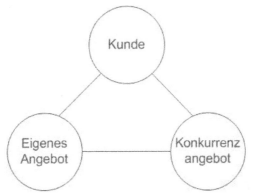

Abbildung 3-13 Strategisches Dreieck (bzw. Marketing-Dreieck) [Kuss & Kleinaltenkamp, 2011, S. 52]

3.3.1 Grundlagen des strategischen Marketing

Ausgangspunkt der Marketing-Strategie sind die unter Kapitel 3.3 erwähnten Marketing-Ziele. Die Strategie konzentriert sich auf das WAS und WARUM des Marketing-Programms. Die Umsetzung wird anhand der Fragestellungen WER, WO, WANN und WIE durchgeführt. Strategie und Umsetzung stehen also nahe beieinander. [Kotler & Keller & Bliemel, 2007, S. 1168] Auch Meffert setzt diese Methodik den Marketingzielen gleich. Die Marketing-Strategie gibt somit den Handlungsrahmen vor, der später durch die Marketinginstrumente abgebildet wird. Im Mittelpunkt der Marketing-Strategie steht jedoch die Auswahl der Märkte und der Markt-segmente. Diese Faktoren entscheiden über die Marketingstrategie bezüglich Kunden und Wettbewerbern. [sinng. Meffert & Burmann & Kirchgeorg, 2009, S. 4]

3.3.2 Analyse der Strategischen Ausgangssituation

Die Produktlinie bzw. Geschäftsfelder eines Unternehmens werden oftmals auch Geschäft-sportfolio genannt. Die Gewichtung und Abgrenzung der einzelnen Geschäftsfelder bilden die strategischen Grundlagen des Unternehmens. Die Portfolio-Analyse ermöglicht es dem Management zu erkennen, welche Geschäftstätigkeit welche Stärken und Schwächen auf-weist.

Mit Hilfe der Boston-Consulting-Group-Methode wird die zweidimensionale Marktwachstums-/Marktanteils-Matrix definiert. Wie der Abbildung 3-14 entnommen werden kann, wird auf der Y-Achse das Wachstum der Marktaktivität aufgezeigt. Die X-Achse hingegen zeigt den relativen Marktanteil. Die Boston-Consulting-Group-Methode beinhaltet vier verschiedene Symbole. [sinng. Kotler & Armstrong & Saunders & Wong, 2007, S. 103 f.]

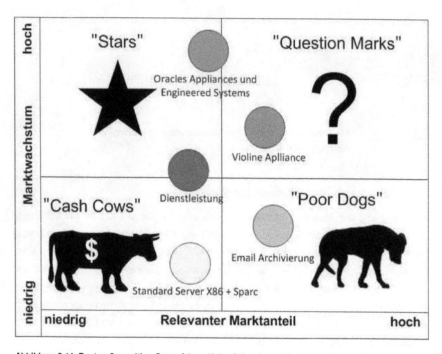

Abbildung 3-14: Boston Consulting Group [sinng. Kotler & Armstrong & Saunders & Wong, 2007, S.105]

Stars:

Bei den sogenannten ‚Stars' (Sternen) ist eine hohe Wachstumsrate vorhanden. Meistens müssen hohe Investitionen getätigt werden, damit ein hoher Marktanteil erlangt werden kann. Geht das Wachstum zurück, kann aus einem ‚Star' eine ‚Cash Cow' (Geldkuh) werden. Die Engineered Systems und Appliances von Oracle sind sicherlich der Kategorie ‚Star' zuzuordnen, vorliegend werden sie jedoch in die Nähe der ‚Question Marks' (Fragezeichen) platziert, da davon ausgegangen werden muss, dass die marktwirtschaftliche Rückfrage nach diesen Systemen noch nicht vorhanden ist.

Cash Cows:

Als ‚Cash Cows' (Geldkühe) bezeichnet man Produkte mit einem hohem Markanteil bei niedriger Wachstumsrate. Mit nur geringen Investitionen ist es möglich, den Marktanteil zu halten. Dank ‚Cash Cows' sind hohe Umsätze und Gewinne möglich, die wiederum in neue Märkte investiert werden können, um die Existenz eines Unternehmens zu sichern. Als ‚Cash Cows' seien hier die Standard Sparc Server und die X86 Server genannt, die noch immer das Haupteinkommen der Firma Tradeware ausmachen. Ob die Margen auch in Zukunft ausreichend sind, ist jedoch ungewiss, weswegen das Serverbild auch in die Nähe der ‚Question Marks' platziert wird. Ebenso wird die Dienstleistung der Sparte ‚Cash Cows' zugeordnet, sie sollte allerdings, wie bereits erwähnt, noch weiter ausgebaut werden (siehe hierzu auch Kapitel 3.4.1). Mit Blick auf die Erweiterung ist die Dienstleistung daher nahe bei den ‚Stars' anzusiedeln.

Question Marks:

Die sogenannten ‚Question Marks' (Fragezeichen) sind Produkte, die einen niedrigen Marktanteil in schnell wachsenden Märkten haben. Es werden finanzielle Mittel benötigt, um den Markanteil zu halten oder auszubauen. Ein Unternehmen muss genau prüfen, ob sich eine Investition lohnt oder nicht. Sicherlich ‚streifen' die Oracle's Engineered Systems und Appliances noch die ‚Question Marks', da noch nicht abgeschätzt werden kann, im welchem Umfang diese Systeme den Markt erobern werden. Die Appliances von Violin hingegen werden derzeit noch gänzlich in die Rubrik der ‚Question Marks' verlegt, da bislang noch kein System verkauft wurde und finanzielle Mittel benötigt werden, um hier einen Marktanteil zu erreichen.

Poor Dogs:

Die sogenannten ‚Poor Dogs' (Arme Hunde) sind Produkte mit einem niedrigen Marktwachstum und niedrigem Marktanteil. Im besten Fall können sie sich selbst erhalten. Es sollte gut überlegt werden, ob ein Poor Dogs-Produkt am Leben erhalten werden soll oder nicht. Die Firma Tradeware hat ursprünglich eine hohe Investition in die Email-Archivierung getätigt, letztere fiel jedoch von den ‚Question Marks' zu den ‚Poor Dogs' ab. Da diese Erneuerung nicht viel Umsatz und Gewinn gebracht hat, werden keine Investitionen mehr in die Email-Archivierung getätigt. [sinng. Kotler & Armstrong & Saunders & Wong, 2007, S. 104]

Nach der Einteilung sämtlicher Geschäftseinheiten in Kategorien muss überlegt werden, welche Investitionen bei welchem Produkt oder Dienstleistung getätigt werden sollen. Gemäss den Interviews (siehe Anhang E Interview) bergen Engineered-Systeme und Appliances ein hohes Potenzial, allerdings sollte dabei die Dienstleistung nicht vernachlässigt werden, da hier die Margen am höchsten sind und keine Produkte an sich verkauft werden müssen.

3.3.3 Bewertung und Auswahl von Marketingstrategien

Auf die Bewertung des Boston-Consulting-Group-Portfolios bewertet folgt die Wahl der Strategierichtung. Hier lassen sich vier Produkt-Markt-Kombinationen (auch Marktfelder genannt) ausmachen. In der Tabelle 3-6, werden diese Optionen in Märkte und Produkte unterteilt. Dabei wird auch unterschieden, ob der Markt bzw. das Produkt neu oder bestehend ist.

Tabelle 3-6: Die vier grundlegenden marktfeld-strategischen Optionen des Unternehmens [Becker, 2000, S. 12.]

Märkte / Produkte	gegenwärtige	neu
gegenwärtige	Marktdurchdringung	Marktentwicklung
neu	Produktentwicklung	Diversifikation

Es können eine oder mehrere Produkt-Markt-Kombinationen bzw. Marktfelder ausgewählt werden. Diese Auswahl gibt dem Unternehmen die konkrete Stossrichtung der Wachstumsstrategie. Es handelt sich hier um die grundlegenden Basisentscheidungen. [sinng. Becker, 2000, S. 12]

Becker erläutert hier die vier Optionen:

- **Marktdurchdringung**   (= Durchsetzung eines gegenwärtigen Produktes in einem gegenwärtigen Markt),

- **Marktentwicklung**   (= Schaffung eines neuen Marktes für ein gegen-

  wärtiges Produkt),

- **Produktentwicklung**   (= Entwicklung eines neuen Produktes für einen ge-

  genwärtigen Markt),

- **Diversifikation**   (= Schaffen eines neuen Produktes für einen neuen

  Markt) [Becker, 2000, S. 12]

3.3.3.1 Marktdurchdringungstrategie

Die natürlichste Strategierichtung ist die Marktdurchdringung. Die meisten Unternehmen, die sich nicht intensiv mit der Strategie auseinandersetzen, wählen die Wachstumsrichtung. Letztere wird auch als Minimum-Strategie bezeichnet. [sinng. Becker, 2000, S. 12]

Diese Strategie verfolgt auch die Firma Tradeware bezüglich Engineered Systems und Appliances. Die Systeme von Oracle sind als Produkt schon seit einigen Jahren auf dem Markt und können somit zu den bestehenden Produkten gezählt werden. Die Appliances von Violin sind noch neu auf dem Markt und müssen diesen zunächst noch durchdringen. Die Konzentration auf bestehende Kunden mit diesen Produkten sollte erste Priorität haben, da die Aufrechterhaltung dieses Geschäftssegmentes mit einem nur geringen Aufwand verbunden ist und rasch zu einem Erfolg führen kann.

3.3.3.2 Marktentwicklungsstrategie

In einem zweiten Schritt wird die Marktentwicklungsstrategie analysiert. Hierfür wird für das bestehende Produkt wie dem Engineered-System und der Appliance von Oracle und Violin-Memory ein neuer Markt gesucht. Diese Strategie wird meistens dann gewählt, wenn die Marktdurchdringungsstrategie ausgenutzt bzw. erschöpft ist. [sinng. Becker, 2000, S. 18] Mit Hilfe von Marketing-Instrumenten ist es eines der obersten Marketingziele, diese neuen Märkte zu erreichen. Bei der Marktentwicklungsstrategie handelt es sich somit um die bedeutendste Marketingstrategie.

Da es sich bei den Engineered-Systemen und Appliances um Hochleistungssysteme handelt, müssen vor allem grössere KMU's und Grossfirmen angegangen werden. Die Branchen sind unterschiedlich, es sind dies die Industrie, Banken, Versicherungen, Pharmafirmen, aber auch der Bund, Dienstleister sowie Universitäten.

Wie die Analyse der IST-Situation aufgezeigt hat, verfügt die Firma Tradeware im Bereich Banken und Versicherungen bereits über ein gutes Netzwerk. Die anderen Bereichsbranchen sollten mit Hilfe von Marketinginstrumente ausgebaut werden. Die hierfür erforderlichen Marketinginstrumente werden in Kapitel 3.4 erläutert.

3.3.3.3 Produkteentwicklungsstrategie

Es wurden die strategischen Optionen für die Marktdurchdringung und die Marktentwicklung erläutert. Nun folgt die Analyse der Produkteentwicklungsstrategie bezüglich ihrer Möglichkeiten auf dem Markt. Diese Strategie befasst sich mit der Entwicklung von neuen Produkten für einen bestehenden Markt. Diese Strategie stellt somit auch die Überlebensstrategie des neuen Produktes dar. Ein Produkt wird grundsätzlich in eine der drei unten aufgeführten Kategorien unterteilt: [sinng. Becker, 2000, S. 22 f.]

- **Echte Innovationen**   (= originäre Produkte, die es in dieser Art bisher noch nicht gibt),

- **Quasi-neue Produkte**   (= neuartige Produkte, die aber an bestehenden an kündigen und sie zu verbessern suchen),

- **Me-too-Produkte**   (= „Ich-auch Produkte", die mehr oder weniger reine Nachahmungen vorhandener Produkte darstellen)."

                                [Becker, 2000, S. 23]

Es sei an dieser Stelle festgehalten, dass sich die Produkteentwicklungsstrategie auf den Hersteller bezieht, welcher ein Produkt entwickelt. Für einen Reseller, wie die Firma Tradeware einer ist, kommt diese Strategie nicht in Frage. Für Oracle oder Violin-Memory aber könnte eine dieser Produktstrategien anwendbar sein.

3.3.3.4 Diversifikationsstrategie

Diversifikation bedeutet Erweiterung, Veränderung oder Abwechslung. Diese Strategie wird dann verwendet, wenn die obengenannten Strategien nicht mehr ausreichen. Becker sagt hierzu: "Welche neuen Aktivitäten kann ein Unternehmen wählen, wenn bereits alle anderen marktfeld-strategischen Optionen ausgeschöpft sind?" [Becker, 2000, S. 28]

Die Diversifikationsstrategie wird oftmals auch das zweite Standbein genannt. Es werden hier drei Diversifikationen erläutert.

- **Horizontale Diversifikation** (= gleiche Verfahren für den Vertrieb oder Produktion können für ein neues Produkt und neuen Markt genutzt werden),

- **Vertikale Diversifikation** (= bezieht sich auf die Wertschöpfungskette[17], diese Fertigung wird somit erweitert),

- **Laterale Diversifikation** (= bezieht sich auf völlig neue Produktionsprogramm und wirtschaftlichen Zusammenhang, hier können keine Synergien genutzt werden.). [sinng. Becker, 2000, S. 29 ff.]

Auch bezüglich der Engineered Systems und Appliances gilt: Die Diversifikationsstrategie wird erst dann angewandt, wenn die anderen Strategien nicht mehr ausreichen.

Die Diversifikationsstrategie kann auf die Engineered Systems und Appliances übertragen werden, da in diesem Fall die anderen Strategien noch nicht angewandt wurden. Die Diversifikationsstrategie wird nur dann angewandt, wenn die anderen Strategien nicht mehr ausreichen.

3.3.3.5 Auswahl der Strategie

Die Erläuterung der diversen Strategien zeigt, dass die Marktdurchdringungsstrategie (für die Produkte Violin 6000 und ODA) und die Marktentwicklungsstrategie (für das Produkt Exadata) die für den Verkauf der Produkte der Firma Tradeware wesentlichen Strategien sind.

Die Marktdurchdringungsstrategie sollte mit Blick auf das Produkt erfolgen und gezielt auf die bestehenden Kunden ausgerichtet sein. Dabei soll das Exadata mit Hilfe gezielter Marketinginstrumente kurzfristig, d.h. innert vier bis neun Monaten, an den Kunden gebracht werden. Die Oracle Database Appliances und das Violin-Produkt sind relativ neu auf dem Markt, womit deren Verkauf als langfristiges Ziel angesehen werden und eine Marktdurchdringung innert 12 bis 14 Monaten erfolgen sollte.

Bei der Marktentwicklungsstrategie müssen neue Märkte angegangen werden. Anhand der Marketinginstrumente und der jeweiligen Produkte sollte eine langfristige Strategie von 12

---

[17] Die Wertschöpfungskette stellt die Produktion, Auslieferung usw. als ganzen Prozess dar.

bis 18 Monaten ins Auge gefasst werden. Die vorhandenen Produkterfahrungen können direkt in die Marktentwicklungsstrategie einfliessen. [sinng. Becker, 2000, S. 35 ff.]

Die Erläuterung der Umsetzung dieser beiden genannten Strategien folgt im nächsten Kapitel unter dem Punkt ‚Marketing-Instrumente'.

3.4 Marketing-Mix

Die unter Kapitel 3.2 genannten Marketingziele werden im sogenannten Marketing-Mix umgesetzt. In der Literatur werden die Marketing-Instrumente oftmals direkt mit dem Marketing-Mix verschmolzen. Der Marketing-Mix wurde im Jahr 1964 von Herrn Borden ins Leben gerufen. McCarthy entwickelte daraus später die sogenannten vier P's (Product, Price, Place, Promotion). Wie bereits erwähnt, wurden diese vier P's in einer Kundengewinnungsphase in den 60er Jahren entwickelt. Im Gegensatz zu heute, wo die Kunden schon fast alles besitzen, hatten sie damals verhältnismässig noch wenige Produkte. Wo es früher in erster Linie um Kundengewinnung ging, hat sich der Fokus heute in Richtung Kundenbindung verschoben. Aus diesem Grund gewinnt auch das sogenannte Relationship Marketing (Beziehungs-Marketing) immer mehr an Bedeutung. Die Marketingmassnahmen richten sich danach, ob es darum geht, Kunden zu gewinnen oder Kunden zu binden. [sinng. Kühn & Pfäffli, 2007, S. 9] Das Marketing befindet sich im Umbruch, die vier P's reichen heutzutage als Marketingstrategie nicht mehr aus. Mit Blick auf das Dienstleistungsmarketing und das Costomer Relationship Marketing wurden die ehemaligen 4 P's um drei weitere erweitert: Personnel, Process und Physical Facilities. [sinng. Zollondz, 2012, S. 106]

Der Hauptfokus liegt auf den klassischen vier P's und auf dem Personnel. Die Abbildung 3-15 stellt die Vermischung der Strategien und den sieben P's dar. Es sei an dieser Stelle erwähnt, dass es wichtig ist, dabei die Qualität und die Beziehungen zu den Kunden nicht zu vernachlässigen.

Kotler geht bei den vier klassischen P's von einem taktischen Werkzeug aus, das einem Unternehmen entsprechend kombiniert und eingesetzt wird. Damit kann die gewünschte Reaktion am Zielmarkt hergerufen werden. Vorliegend wäre die gewünschte Reaktion der Verkauf von Engineered Systems und Appliances bei bestehenden und bei neuen Kunden. Dieser Marketing-Mix wird in den nächsten Unterkapiteln erläutert. [Kotler & Armstrong & Saunders & Wong, 2007, S. 121]

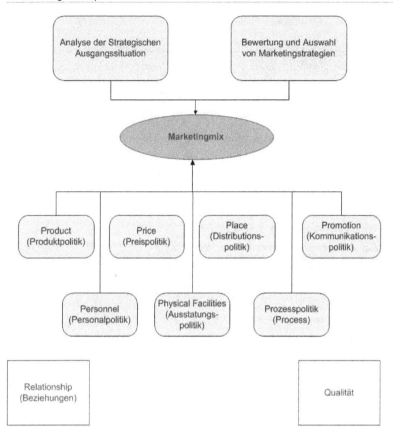

Abbildung 3-15: Marketing-Mix [sinng. Michel & Oberholzer Michel, 2011, S. 171]

3.4.1 Product

Unter Kapitel 3.1.4 und 3.1.5 wurden die Produkte von Oracle und Violin-Memory vorgestellt. Das Produkt wird vom jeweiligen Hersteller komplett inklusive Verpackung geliefert und muss nur noch installiert und konfiguriert werden. Kuss und Kleinaltenkamp fügen dem Produkt noch Service, Garantieleistungen, Verpackung und Qualität hinzu. Die Garantieleistung wird vom jeweiligen Hersteller abgedeckt. [sinng. Kuss & Kleinaltenkamp, 2011, S. 130]

Auch Matys bestätigt, dass sich beim Marketing-Mix die Dienstleistung in Abgrenzung vom Produkt definiert. Wichtige Festlegungen der Dienstleistung sind folgende:

- Nutzen festlegen: Welchen Nutzen hat der Kunde durch meine Dienstleistung?

- Bedürfnisse ermitteln: Welche Sicherheiten und Arbeitserleichterung können getroffen werden, um den Kunden eine optimale Dienstleistung anzubieten?

- Marktkommunikation ausrichten: Wie werden die Dienstleistungen dem Kunden kommuniziert?

Mit Blick auf die Dienstleistung ist es zudem wichtig, die richtige Zielgruppe festzulegen und zu überprüfen. Nur wenn der Kunde die angebotene Dienstleistung auch einsetzen kann, ist er bereit, für eine solche zu bezahlen. [sinng. Matys, 2011, S. 17 ff.]

Diese Dienstleistungen werden hier definiert und erläutert:

3.4.1.1 Ex-Cite Training von Oracle

Oracle selber bietet ein sogenanntes Ex-Cite Training an. In diesem Training nimmt der Reseller zusammen mit Oracle den IST-Zustand bei dem Kunden auf. Nach erfolgtem Gespräch mit den entscheidenden Personen inklusive dem C-Level Management wird eine Lösung präsentiert. Kommt ein Produkt wie das Exadata in Frage, wird dies dem Kunden mit den unterstützenden Marketing-Folien von Oracle präsentiert. Die Firma Tradeware hat bis heute noch kein solches Training bei einem Kunden durchgeführt, einzelne Mitarbeiter aber haben bereits an einer solchen Schulung teilgenommen.

Dieses zweitägige Ex-Cite Training wird vor Ort beim Kunden durchgeführt. Das Hauptanliegen von Oracle ist es dabei, dass die richtigen Personen an diesen Trainings teilnehmen, es sind dies idealerweise die Entscheidungsträger, die zumeist im C-Level-Management vertreten sind. In diesem Training werden die Probleme analysiert und sodann versucht, der erhobenen Problemstellung entsprechend einen Exa-Server zu verkaufen.

Der Ablauf eines solchen Training ist folgender:

- Stakeholder adressieren (Kunde: C-Level, Oracle und Tradeware) und Termine vereinbaren

- Ist- und Sollzustand aufnehmen in Zusammenarbeit mit den Informatik- und Businessverantwortlichen

- Präsentation – Exa-System. [sinng. Oracle 6, 2011, Seite 3 ff.]

Der Vorteil eines solchen Trainings liegt darin, dass sich die Entscheidungsträger zusammenfinden und gemeinsam mit dem Kunden und dem Reseller eine Lösung suchen bzw. finden. Der Nachteil dieser Trainings von Oracle liegt darin, dass der Kunde rasch bemerkt,

dass Oracle daran gelegen ist, ein Exa-System zu verkaufen und eine solche Lösung entsprechend in den Vordergrund stellt. Grundsätzlich aber ist der Ansatz, ein Training bzw. eine Analyse beim Kunden vor Ort durchzuführen, sicherlich der richtige. Es wird wohl allerdings nicht einfach sein, das C-Level Management von der Sinnhaftigkeit eines solchen
Trainings zu überzeugen. Eine perfekte Vorbereitung mit genau strukturiertem Terminplan
und klarer Darlegung der Zielsetzungen ist für diese Überzeugungsarbeit daher unabdingbar.
[sinng. Oracle 1, 2012]

Anhand einer Befragung von 2'500 IT-Leitern aus zumeist Grossfirmen hat „The Voice of the
CIO 2009" gezeigt, dass die CIO's zunehmend an Einfluss auf die Geschäftsstrategie gewinnen. Somit ist der neue CIO mehr als nur ein IT-Infrastrukturverwalter, er hat vielmehr auch
eine Funktion als Visionär. Bei den meisten Firmen ist der CIO bereits in die Geschäftsleitung integriert und kann Prozesse und Innovationen beeinflussen. [sinng. Crameri, 2010, S. 4]
Dies zeigt auf, dass eine Stakeholder-Analyse vor dem Kundenbesuch ein zentraler Faktor
ist. Damit nämlich kann überprüft werden, ob die richtigen, d.h. entscheidenden Personen zu
einem Ex-Cite Training eingeladen wurden (siehe hierzu auch Kapitel 3.4.1.1).

3.4.1.2 Oracle Exadata Database Machine:

Bei einem Exadata können durch die Firma Tradeware aktuell noch keine Installationen
durchgeführt werden. Es fehlt an der hierfür notwendigen Erlaubnis durch Oracle. Es wäre
daher angezeigt, dass sich das Management der Firma Tradeware diese Erlaubnis bei
Oracle einholt und entsprechend Druck auf Oracle ausübt, damit dieser Missstand innert der
kommenden sechs Monate aufgehoben wird. Bis anhin konnten Dienstleistungen wie Rera-
ckings durchgeführt und auf diese Weise ein Exadata von einem Oracle Rack in ein kunden-
spezifisches Standard-Rack eingebaut werden.

Ein Proof of Concept (PoC) sollte eigentlich verhindert werden, da es den Verkaufsprozess
eines Exadata's unnötig in die Länge zieht. Den Kunden kostet ein PoC meistens sehr viel
Geld und Zeit. Sollte ein Kunde aber auf einem Proof of Concept bestehen, ist die Vorbereitung des Kunden von grosser Wichtigkeit. Es müssen folgende Fragen beantwortet werden
können:

- Was sollt getestet werden?

- Wie soll gemessen werden?

- Wie sollten die Messergebnisse aussehen?

- Was ist, wenn diese Messergebnisse erreicht werden?

- Welche Personen kundenseitig sind involviert?

- Welche Personen tradeware- und oracleseitig sind involviert?

- Wie wird das Fanze finanziert?

- Wie sieht das weitere Vorgehen aus?

Auch bei einem PoC ist es noch möglich, mehr Umsatz zu generieren. Eine mögliche Marketingmassnahme wäre hierfür die Entwicklung eines Komplettpackets mit Benchware, welches der Kunde kaufen kann. Ein solches Komplettpacket könnte Folgendes beinhalten:

Proof of Concept Package bei Tradeware

- Ausmessen der jetzigen Infrastruktur

- Ausmessen der Testinfrastruktur bei Tradeware

- Vergleichen der Messergebnisse

Grundlage der Messungen des produktiven Kundensystems sollten die produktiven Daten sein. Wenn das Exadata getestet bzw. ausgemessen wird, sollten jeweils dieselben produktiven Daten verwendet werden, um ein realistisches Messergebnis zu erhalten. Nur so kann ein Eins-zu-Eins-Vergleich erstellt werden. Im Falle eines Verkaufs eines Exadata könnten dem Kunden 40% bis 60% der Messausgaben zurückerstattet werden. Mit Blick auf diese Messungen spricht man schnell von einer Dauer von sieben bis zehn Arbeitstagen. Die Mietkosten für zehn Tage betragen ca. CHF 20'000. [sinng. Tradeware, 2012, Seite 2 ff.]

Wenn der Kunde für die Messungen produktive Daten verwendet hat, müssen diese auch wieder sauber und sicher gelöscht werden. Die Firma Tradeware hat hierfür ein spezielles Exadata-Löschkonzept entworfen, was bereits auch von einer Schweizer Grossbank in Anspruch genommen wurde.

Mit einer Marketingmassnahme wie dem Proof of Concept-Package könnte im Dienstleistungsumfeld bezüglich Oracle Exadata und der Zusammenarbeit mit Benchware noch bessere Synergien gebildet und genutzt werden.

3.4.1.3 Oracle Database Appliance:

Die Oracle Database Appliance ist direkt einsatzbereit und wird deswegen auch Ready to use System genannt. In Bezug auf die Dienstleistung können zwei Bereiche definiert werden: Das Consulting (Beratung), das vor dem Kauf stattfindet, und die Datenbankkonsolidierung. Natürlich kann auch hier das alte System ausgemessen und mit dem neuen Oracle Database Appliance verglichen werden. Diese Appliance fokussiert kleinere bis mittlere Unternehmen, da sie weniger komplex ist als ein Exadata.

Bezüglich Messungen kann mit Benchware auch hier dasselbe Prinzip angewandt werden wie beim Exadata. Wie unter Kapitel Promotion 3.4.4 erwähnt, können diverse Flyer erstellt werden. Zudem wird auch online Werbung gemacht, z.B. auf wie Google.

3.4.1.4 Violin 6000 Flash Memory Array

Ziel sollte es sein, bis Ende Jahr mindestens eine 6000 Flash Memory Array verkauft zu haben. Damit hätte die Firma Tradeware einen Referenzkunden. Mit Hilfe gezielter Marketingaktionen sollte zuerst die Firma Violin-Memory bekannt gemacht werden. Solche Aktionen könnten folgende sein:

- Homepage-Aktualisierung durch Violin-Memory

- Google-Werbung

- Events bei der Tradeware

- Events bei Grossanlässen

- Veröffentlichung in Zeitschriften

Sicherlich sollte die Firma Benchware auch dieses System ausmessen, um den Kunden eine Referenz bezüglich des Speeds geben zu können.

3.4.2 Price

Es gibt zwei Arten von Führerschaften, die sich auf den Peis auswirken. Es sind dies die sogenannte Qualitäts- und Kostenführerschaft. Bei der Kostenführerschaft strebt das Unternehmen möglichst niedrige Produktions- und Distributionskosten an, damit die Preise stets tief bleiben. Diese Systeme sind jedoch auf eine Qualitätsführerschaft ausgerichtet.

Bei der Qualitätsführerschaft strebt das Unternehmen eine hohe Produktequalität sowie einen durchdachten Forschungs- und Entwicklungsaufwand an. Damit kann sie den hohen Preis rechtfertigen. Durch die hohe Qualität kann sie sich auch bei der Konkurrenz mit dem hohen Preis durchsetzen. [sinng. Kotler & Keller & Bliemel, 2007, S. 115 ff.]

In diesem Zusammenhang wurden auch die Systeme von Oracle und Violin entwickelt. Diese Systeme sind eindeutig im Bereich der Qualitätsführerschaft anzusiedeln. Die Preise sowie die nötigen Margen sind von den Herstellern meist vorgeben. Es handelt sich bei diesen Systemen zumeist um unterschiedliche Projekte, da bereits die Lizenzierung der Datenbank einen grossen Preisunterschied hervorrufen kann.

Allein die Hardware ohne Software und ohne Lizenzen eines Exadata-Viertel-Racks kostet CHF 300'000. Der Preis für ein Quarterrack mit Software und Lizenzen beläuft sich dann auf ca. CHF 700'000 gemäss Listenpreis. Bei den IT-Herstellern werden meistens Rabatte von 20% bis 30% auf die Software gegeben, bei der Hardware sind es 5% bis 10%. Diese unterschiedlichen Preise machen deutlich, dass ein direkter Preisvergleich unmöglich ist. Ziel ist es, dem Kunden eine professionelle Beratung hinsichtlich der Kosten geben zu können.

Mit Blick auf die Ausmessung und Analyse eines Datawarehouses oder eines OLTP sollte mit der Firma Benchware ein weiteres Preispacket ausgehandelt werden. Anhand der Referenzzahlen der aktuellen Produkte können die Messergebnisse verglichen werden. Ein Teil dieses Messpaketes könnte bei einem Kauf dem Kunden wieder gutgeschrieben werden. Dies gilt auch dann für den Kauf eines PoC-Packets.

3.4.3 Place

Bei der Platzierung steht die Aktivität des Unternehmens im Vordergrund. Die Firma Tradeware platziert hier zwei Marken: Oracle und Violin-Memory. Für diese Hersteller sind wir die Reseller, welche ihre Produkte vertreten. Vertriebstechnologie ist entscheidend, wenn ein eigenes Produkt hergestellt wird. Die Firma Tradeware vertreibt jedoch nur bereits hergestellten Produkte. In diesem Kontext hält Homburg fest, dass die Anforderungen der Kunden in direktem Zusammenhang mit der Unternehmenslogistik stehen. Die Zulieferer senden die Einzelteile an den Hersteller, das zusammengebaute System wird sodann an den Distributor (Grosshändler) weitergeleitet. Der Distributor sendet das Packet anschliessend dem Reseller, der es wiederum dem Kunden übergibt. [sinng. Homburg, 2012, S. 891]

Ziel sollte es sein, die Lagerhaltung der Kundensysteme möglichst klein zu halten, dies aber kann nur durch genaue Terminvereinbarungen geschehen. Dank ausführlichen Abklärungen mit Distributoren wie Avenet und Techdate können diese Prozesse noch optimiert werden. Bei Servern oder Produkten, die aus Asien kommen, fehlt meistens eine Tracking-Nummer[18].

---

[18] Die Tracking-Nummer ist eine Nummer, welche die Packetverfolgung zulässt.

Mittels einer Tracking-Nummer könnte der Zeitpunkt der Lieferung besser bestimmt werden. Ziel wäre es daher, mit dem Distributor auszuhandeln, dass der Reseller für jede Bestellung eine Tracking-Nummer erhält. Damit könnte die Auslieferung der Systeme geplant werden, was wiederum die Kundenzufriedenheit erhöhen würde.

3.4.4 Promotion

Die Grundlagen der Promotion oder auch Kommunikationspolitik sind vielfältig. Ein Unternehmen zeichnet sich durch seine Kommunikationspolitik auf dem Markt aus. Durch die definierten Marketingziele kann gezielt Kundenwerbung eingesetzt werden.

Ein bekanntes Werbe-Modell ist das sogenannte AIDA-Modell (AIDA: Attention Interest Desire Action). Das AIDA-Modell eignet sich gut, um die Promotionsziele umzusetzen. Wie die Abbildung 3-16 zeigt, sind die ersten drei Ziele potenzialbezogene Ziele, sie zielen auf den Bekanntheitsgrad ab. Die ,Action' ist das markterfolgsbezogene Ziel, das zu guter Letzt ein bestimmtes Verhalten auslösen soll, nämlich den Kauf des Produktes. [sinng. Homburg, 2012, S. 747 ff.]

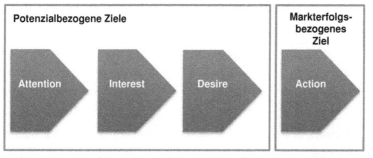

Abbildung 3-16: Kategorisierung kommunikationspolitischer Ziele anhand des AIDA Modells
[Homburg, 2012, S. 751]

Die Aufmerksamkeit des Kunden kann durch verschiedene Szenarien geweckt werden. Bezogen auf Engineered Systems und Appliances könnten diese Szenarien folgende sein:

- Email-Newsletter aus dem CRM, Kunden des C-Level-Management ansprechen

Dieser Schritt basiert auf der Marktdurchdringungsstrategie (siehe Kapitel 3.3.3.1). Da es nur wenig C-Level-Kontakte im CRM gibt, müssen diese anhand von Marketing-Events ausgebaut werden. Letztere können mit Hilfe von Benchware und Lakesolution erweitert werden.

- Event bei diversen Veranstaltungen

Des Weiteren sollten diverse Veranstaltungen besucht werden, bei welchen sich das C-Level-Management trifft. Durch Sponsoring ist es meistens möglich, einen Stand aufzustellen. Eine solche Veranstaltung ist beispielsweise das Finanzforum in Zürich.

http://www.finance-forum.com Version 13. August 2012 um 14:32 Uhr

Eine andere Veranstaltung ist das CIO-Forum in Zürich das jedes Jahr stattfindet.

http://www.cio-forum.info Version 14. August 2012 um 15:14 Uhr

- Events bezüglich Engineered Systems bei Tradeware

Als langfristige Markterweiterungsstrategie sollten neue Marketing-Massnahmen arbeitet werden. Die Firma Tradeware AG verfügt über gute Beziehungen zu Online-Zeitungen wie itreslsler.ch (http://www.itreseller.ch Version 14. August 2012 um 15:20 Uhr) und inside-channels.ch (http://www.inside-channels.ch Version 14. August 2012 um 15:34 Uhr). Mit einer dieser beiden Zeitungen sollte ein Event geplant werden, um Engineered Systems und Appliances vorzustellen. Damit könnten neue Kunden gewonnen bzw. neue Märkte erschlossen werden.

Als kurzfristige Marktdurchdringungsstrategie könnten auf der Homepage der Firma Tradeware die Produkte von Violin-Memory miteingebunden werden. Auch die Zusammenarbeit mit Benchware sollte besser zu Geltung kommen. Die Möglichkeit für einen entsprechenden Flyer zeigt Abbildung 3-17. Measuring your DATA with Tradeware & Benchware.

Dies bedeutet: ‚Messe deine Daten mit Tradeware und Benchware.' Dies sollte als konkretes Packet verkauft werden. Im Falle eines Verkaufs eines Engineered-Systems oder einer Appliance könnten 30% der Messkosten dem Kunden rückerstattet werden. Eine solche Dienstleistung würde den Reseller Tradeware vom „Box-Moving"-Image wegbringen.

Ziel ist es, dass der Kunde bei Tradeware kauft und nicht bei direkt bei Oracle. Dieses konkrete Beispiel könnte auch für die Exadata oder Violin-Memory übernommen werden.

Abbildung 3-17: Oracle Database Appliance [sinng. Oracle.com 4, 2012]

Auch mit einem Proof of Concept könnte ein solches Packet bereitgestellt werden. Nur so wird die Position der Firma Tradeware im Markt gestärkt und wahrgenommen. Ohne zusätzliche Dienstleistungen kann der Kunde einfach einen anderen Reseller wählen. Mittels Messergebnissen kann das Interesse (Interest) beim Kunden geweckt werden. Wenn der Kunde sein System vermessen hat und mit allfällig langsamen Ergebnissen unzufrieden ist, kommt in ihm das Verlangen (Desire) nach dem Lösungprodukt auf. Wenn der Kunde von der Lösung eines Systems überzeugt ist, wird er das System auch kaufen (Action). Damit lässt sich das AIDA-Modell auf verschiedene Marketingbereiche anwenden.

Eine weitere Marketing-Methode ist das sogenannte Direkt-Marketing. Beim Direkt-Marketing findet zwischen dem Verbraucher und dem Anbieter ein Dialog statt. Die Kommunikation kann in jedem Moment geändert und dem Kunden angepasst werden. Oftmals erweist sich Direkt-Marketing jedoch als schwierig, da ein solches Gespräch zumeist meistens telefonisch stattfindet und der Kunde am liebsten gleich wieder auflegen würde. Würden Kontakte zum C-Level-Management bestehen, wäre ein solches Gespräch jedoch sinnvoll, zumal sich auf diese Weise ein Ex-Cite-Training anberaumen liesse (siehe Kapitel 3.4.1.1). [sinng. Kotler & Armstrong & Saunders & Wong, 2007, S. 869]

3.4.5 Personnel

Die Personalpolitik im Marketing kann nur erfolgreich sein, wenn alle nötigen Mitarbeiter darin eingebunden werden. Alle Mitarbeiter können zum Erfolg der Firma beitragen. Diese Marketingmethode hat nur indirekten Einfluss auf die Kunden. Zudem ist es wichtig, die Ressourcen der Mitarbeiter gut zu planen und deren Wissen regelmässig aufzufrischen und zu erweitern.

Eine Möglichkeit wäre es, das Personal zu erweitern und innerhalb der Firma Tradeware einen Marketingverantwortlichen auszubilden. Aktuell hat hierfür niemand Verantwortung, und es bestehen keine klaren Marketingprozesse. Die Geschäftsleistung muss sich überlegen, wer diese Marketingverantwortung übernehmen könnte und welche Prozesse dafür erarbeitet werden müssten. Falls hierfür unter den bestehenden Mitarbeitern nicht genügend Kapazität vorhanden ist, sollte eine neue Arbeitsstelle geschaffen werden. Diese Stellenbesetzung könnte auch in Kombination mit der Personalabteilung geführt werden, da bis dato auch keinen Personalverantwortlichen gibt.

Nur durch gute Schulungen und Ausbildungen kann sich die Tradeware vom Markt abheben. Dieser Umstand wurde in den letzten zwei Jahren vernachlässigt und muss zwingend ausgebaut werden. Ein Rückstand zur Konkurrenz, was die Ausbildung der Mitarbeiter betrifft, ist nur schwer aufzuholen und kann im schlimmstenfalls zum Kundenverlust führen. [sinng. Zollondz, 2012, S. 109]

3.4.6 Processes

Bei der Prozesspolitik wird oft auch von der Ausrichtung der Organisation auf die Prozesse gesprochen. Damit sind alle organisatorischen Prozesse gemeint, also auch die Marketingprozesse. [sinng. Zollondz, 2012, S. 111]

Die Firma Tradeware verfügt nur über wenige Prozesse. Durch die Einführung neuer Prozesse könnten Doppelspurigkeiten vermieden werden. Wie unter Kapitel 3.2.1 erwähnt, sollte die Osterhasenaktion im CRM abgebildet werden. Mittels eines Kundenzufriedenheitsformulars könnten Auswertungen erstellt und die Marketingmassnahmen und Ziele allenfalls neu angepasst werden.

Weiter könnten auch Marketingvorlagen erstellt werden, damit der Verkäufer die Produkte beim Kunden besser platzieren kann. Darüber hinaus sollte eine Broschüre über Violin-Memory zusammengestellt werden (für die Oracle-Produktpalette existieren bereits genügend Broschüren).

Wie unter Kapitel Personnel 3.4.5 festgehalten, sollte für die notwendigen Marketingstrategien das Personal erweitert werden. Wenn dies nicht möglich ist, muss der Marketingprozess extern ausgelagert werden.

3.4.7 Physical Facilities

Die physikalischen Anlagen beziehen sich auf das Erscheinungsbild der Produktionsorte oder des Dienstleistungspersonals. Hier gibt es nur eine Massnahme, die getroffen werden kann. Als Beispiel sei an dieser Stelle die seit drei Monaten defekte und nur provisorisch ersetzte Klimaanlage im Rechenzentrum erwähnt. Im Falle eines durch einen Kunden vor Ort durchgeführten Proof of Concept macht diese defekte Klimaanlage keinen guten Eindruck bezüglich der Infrastruktur, weswegen sie rasch möglich ersetzt werden sollte.

3.5 Realisierung des Marketing-Mix

Der Marketing-Mix wurde im Rahmen der 7 P's erläutert. Nun folgt die Erörterung der Umsetzung des Marketings anhand einer Kurzzeit- und Langzeitplanung. Die Kontrolle wird sodann im nächsten Kapitel 3.6 erläutert. [sinng. Kotler & Armstrong & Saunders & Wong, 2007, S. 127 f.]

3.5.1 Massnahmenplan

An dieser Stelle wird der Marketing-Mix noch einmal zusammengefasst, damit die entsprechenden Massnahmen erläutert werden können. Mittels dieser Massnahmen und Methoden ist es möglich, neue Märkte zu erschliessen. Der Massnahmenplan enthält zwei Zeitphasen: Die Kurzzeitplanung und die Langzeitplanung. Zudem werden hier auch die Finanzierungskosten angesprochen, welche allerdings nur grob geschätzt werden können.

Im Rahmen der Realisierung des Marketing-Mix sollten auch die involvierten Mitarbeiter geschult werden. Dies kann anlässlich eines Strategie-Workshops geschehen, in den auch die Firma Benchware miteinbezogen werden sollte. Wenn die Mitarbeiter nicht hinter der Strategie und deren Zielen stehen, bringt die ganze Strategie nur wenig. Deswegen ist die Akzeptanz der Strategie durch die involvierten Mitarbeiter von höchster Bedeutung.

3.5.1.1 Kurzzeitplanung

Die Kurzzeitplanung erstreckt sich meistens über einen Zeitraum von vier bis 13 Monaten. Auflistung der Massnahmen für die Jahresplanung:

- Oralce.com anpassen, damit Tradeware bei Server & Storage Systems aufgelistet wird

https://solutions.oracle.com/scwar/sc/index.html Version 18. Juli 2012 um 17:32 Uhr

Kosten: keine direkten Kosten, Zeitaufwand: ca. zwei Stunden = CHF 160.-

- Ex-Cite-Training von Oracle

Diese Dienstleistung wird zusammen mit Oracle kostenlos durchgeführt. Sie nimmt zwei Tage in Anspruch. Aus Sicht von Tradeware belaufen sich die Kosten hierfür auf CHF 1'280. Diese Massnahme wird im Finanzplan unter Punkt 3.5.3 nicht aufgelistet, da sie bei jedem Kunden einzeln und individuell ausgeführt werden muss.

- Messpacket mit Benchware

Mit einem Messpacket in Zusammenarbeit mit Benchware würde das System bei einem Kunden vermessen werden. Die Ergebnisse kann der Kunde anschliessend mit den Mess-werten von Oracle oder Violin vergleichen. Möchte ein Kunde seine Daten auf einem dieser Engineered-Systeme oder Appliances messen will, müsste für ihn ein Proof of Concept erstellt werden.

Kosten: Zwei Tage, um dieses Packet zu entwerfen = CHF 1'280.-

- Erstellung einer Broschüre für PoC mit Benchware, die an die Kunden weitergeleitet werden kann. In dieser Broschüre sollten die unter Kapitel 3.4.1.2 erörterten Punkte abgebildet werden, damit dem Kunde auf zwei A4-Seiten ersichtlich ist, was ein PoC ist und was ihn erwartet wird.

Kosten: CHF 700.-

- Erstellung einer Vorlage für das Kundenzufriedenheitsformular bezüglich der Oster-hasenaktion inkl. CRM-Erfassung und Auswertung

Anlässlich der nächsten Osterhasenaktion könnte dem Kunden ein Kundenzufriedenheits-formular mitgegeben werden, damit die Zufriedenheit bzw. allfällig notwendigen Verbesserungen schriftlich erfasst sind. Dadurch könnte die Qualität betreffend Kundenservice der Tradeware um ein Weiteres erhöht werden.

- Kosten: Drei Tage Arbeit = CHF 1'920.-

- Online-Werbung für Violin-Memory auf ITreseller und Inside-Channels

Kosten: Je CHF 1950.-

- Tradeware-Homepage, Erweiterung durch Violin

Kosten: Keine direkten Kosten, Zeitaufwand: ca. 4 Stunden = CHF 320.-

- Google-Werbung (adwords) mit Violin-Produkten

Kosten: Hier kann für einen Zeitraum von fünf Monaten ein monatlicher Betrag von CHF 100.- festgelegt werden.

- Marketing-Workshop

An einem Marketing-Workshops nehmen der CEO und die Sales sowie alle Informatiker teil, um gemeinsam Marketing-Strategien zu entwickeln, Marketing-Massnahmen zu diskutieren und allfällige Änderungen oder Lösungen herbeizuführen. Zusätzlich wird die Firma Benchware eingeladen, um die verschiedenen Pakete zu definieren. Dieser Marketing-Workshop dauert sechs Stunden. Vor der Lancierung eines solchen Workshops muss die Geschäftsleistung allerdings entschieden haben, ob das Marketing intern oder extern betreut wird.

Kosten: Sechs Stunden bei fünf Tradeware-Mitarbeitern à CHF 80.- = CHF 2'400.-

- Klima Anlage erneuern

Das Ersetzen einer neuen Klimaanlage dient der Image-Förderung, solange das Exadata half-Rack als Test-Server in den Räumlichkeiten der Firma Tradeware verbleibt.

Kosten: CHF 12'000.-

3.5.1.2 Langzeitplanung

Wenn man von einer Langzeitplanung spricht, hat man in der Regel einen Zeitraum von 12 bis 18 Monaten im Auge.

- Event-Marketing anlässlich des Finanzforums und des CIO-Forums, an dem ein Stand der Firma Tradeware aufgestellt werden könnte, um die Oracle- und Violin-Produkte zu präsentieren.

Kosten: Die jeweiligen Standkosten belaufen sich auf CHF 8'000.-; hinzukommen die Material- und Aufbaukosten in der Höhe von CHF 2'000.-.

- Event mit Internetzeitschrift Inside-Channels oder ITreseller

Aufgrund der gegenseitigen Konkurrenz kann eine direkte Partnerschaft nur mit einer dieser Plattformen gemacht werden.

Kosten: Die Kosten für einen Event mit den jeweiligen Kunden (Präsentation, Essen, Getränke) würden sich auf CHF 9'000.- belaufen.

- Marketingpersonal oder externer Mitarbeiter

Die Marketingstelle könnte zu 30 bis 40% besetzt werden, das restliche Pensum könnte durch Buchhaltung oder Personalführung ergänzt werden. Der Jahreslohn würde sich auf CHF 75'000.- belaufen, bei 40% wären das CHF 30'000.-.

Die nachfolgende Tabelle 3-1 zeigt die drei Produkte Exadata, Oracle Database Appliance (ODA) sowie die Violin 6000 Flash Memory Array. Es wird dargestellt, welche Massnahme für welches Produkt marketingmässig umgesetzt werden soll. Bei einem Event beispielsweise sollen alle drei Produkte präsentiert werden, es sei denn der Event würde von Oracle oder Violin gesponsert werden, in einem solchen Fall könnte nur eine der Firma ihre Produkte ausstellen.

Tabelle 3-1: Massnahmen Tabelle in Bezug auf die jeweiligen Produkte

Marketing Massnahmen	Produkte		
	Exadata	ODA	Violin
Anpassung der Tradeware-Homepage mit Violin			X
Homepage bei Oracle anpassen	X	X	
Google-Werbung aufschalten		X	X
Workshop mit Mitarbeitern	X	X	X
Erstellung eines Messpackets mit Benchware	X	X	X
Erstellung einer Broschüre für ein PoC	X	X	X
Ersetzen der Klimaanlage (solange das Exadata half-Rack noch nicht verkauft ist)	X		
Event mit Internetzeitschrift Inside-Channels oder ITre-seller	X	X	X
Event-Marketing CIO-Forum	X	X	X
Event-Marketing Finanzforum	X	X	X

3.5.2 Projektplanung

Die langfristigen Massnahmen der genannten Events belaufen sich auf Ende des Jahres 2013 und müssen vom Management abgesegnet werden. Unter der langfristigen Planung sind auch die drei Events aufgeführt. Die kurzfristigen Marketingmassnahmen werden nachfolgend aufgelistet.

Tabelle 3-7: Projektplan für die Kurzfristigen Massnahmen mit den jeweiligen Massnahmen und Terminen

Phase 1	Massnahme	Terminen
	Tradeware-Homepage mit Violin anpassen	15.10.2012
	Homepage bei Oracle anpassen	16.10.2012
	Google-Werbung aufschalten	17.10.2012
	Workshop mit Mitarbeitern	18.10.2012
	Online-Werbung für Violin	19.10.2012
	Kundenzufriedenheitsformular für Osterha-senaktion	10.01.2013
Phase 2		
	Erstellung des Messpackets mit Benchware	05.12.2012
	Erstellung der Broschüre für ein PoC	11.02.2013
Phase 3		
	Ersetzen der Klimaanlage (solange das Exadata half-Rack noch nicht verkauft ist	18.02.2013

Der kurzfristige Projektplan wird in drei Phasen unterteilt. Die erste Phase ist die einfachste und kann am schnellsten erledigt werden. Die zweite Phase benötigt etwas aufgrund der zu tätigenden Abklärungen etwas mehr Zeit. Die dritte Phase tritt nur in Kraft wenn das Exadata half-Rack nicht an einen Kunden verkauft wurde.

3.5.3 Finanzplan

Die oben aufgeführten Finanzkosten werden hier nochmals als Ganzes erläutert. Die interne Zeit wurde mit einem Stundenansatz von CHF 80 berechnet. Diese Zahlen beruhen auf An-nahmen und können variieren. Im einer Detailplanung die zuerst vom Management ent-schieden werden müsste, könnten die einzelnen Massnahmen und Kosten genau ausge-rechnet werden.

Kurzfristige Marke-ting Kosten	Massnahme	Kosten (in CHF)
	Webpage von Oracle bearbeiten	160.-
	PoC-Broschüre	700.-
	Google.com adwords	500.-
	Online-Werbung Violin bei ITreseller und inside-channels	3900.-
	Erweiterung der Tradeware - Homepage	320.-
	Messpacket Benchware	1'280.-
	Kundenzufriedenheitsformular	1'920.-
	Workshop mit Mitarbeitern	2'400.-
Zwischentotal		11'180.-
Langfristige	Massnahme	Kosten
	Klimaanlage	12'000.-
	Event für ITreseller oder inside-channels	9000.-
	Finanzforum	10'000.-
	CIO-Forum	10'000.-
	Mitarbeiter (oder externe Marketing Firma)	30'000.-
Zwischentotal		71'000.-
Total		82'180.-

Der Gesamtbetrag beläuft sich auf CHF 82'180.-, dies inklusive einer neuen Anstellung von 40%. Ob sich eine solche Neuanstellung lohnt, müsste von der Geschäftsleitung nochmals überprüft werden, andernfalls müsste das Marketing extern ausgelagert werden.

Nach der Kostenerstellun sollten die Ziele noch einmal konkret erläutert werden. Die Ziele wurden unter Kapitel Marketing-Ziele 3.2 aufgezeigt. Mittels der aufgeführten Massnahmen sollte es möglich sein, den Umsatz bis Oktober 2013 umd 30% (CHF 300'000.) zu steigern. Zudem wurden auch Marketing-Massnahmen definiert, um Neukunden zu gewinnen. Wie unter Kapitel 3.1.6.2 festgehalten, sind es 16 Kunden, die regelmässig bei der Firma Tradeware einkaufen. Die Wahrscheinlichkeit, dass ein C-Kunde eine Appliance oder ein Engineered System kauft, ist als eher gering einzustufen. Bei den Neukunden entsprächen 10% einem bis zwei Mehrkunden. Dieses Ziel sollte bis Oktober 2013 erreicht sein. Selbstverständlich müssen die Marketing-Instrumente immer wieder angepasst werden, damit das Folgeziel im Jahr 2014 auch erreicht werden kann.

3.6 Marketing-Controlling

Um die Marketing-Resultate bewerten zu können, müssen sie zunächst kontrolliert werden. Für einen solchen Vergleich kann ein Soll-Ist-Vergleich erstellt werden. Die Grundfrage lautet dabei: Wie effizient war die Marketingaktivität? Es ist wichtig, sowohl die Chancen als auch die Probleme zuerkennen, um darauf reagieren zu können. Wie Abbildung 3-18 erkenntlich macht, erfolgt die Marketingkontrolle in vier Schritten:

- Bei der Zielfestlegung stellt sich die Frage: Was wollen wir erreichen? Die Antwort darauf lautet: Verkaufssteigerung von Exadata, Oracle Database Appliance und Violin-Memory.

- In einem zweiten Schritt werden die Messungen der Marketing-Methoden durchgeführt.

- In einem dritten Schritt wird anhand der Frage, warum etwas seinen Verlauf genommen hat, die Leistungsdiagnose analysiert.

- Der vierte Schritt widmet sich der Frage: Welche Steuerungsmassnahmen müssen geändert werden?

Die aktuellen Leistungen werden mit Blick auf den Markt gemessen und die Abweichungen verglichen. Sobald die Abweichungen bekannt sind, werden Korrekturmassnahmen vorgenommen. Ziel einer solchen Kontrolle ist es, die kurz- und langfristigen Ziele zu kennen und sie allfälligen Marktveränderungen anpassen zu können. [sinng. Kotler & Keller & Bliemel, 2007, S. 1184]

Abbildung 3-18: Der zielgerichtete Kontroll- und Steuerungsprozess [Kotler & Keller & Bliemel, 2007, S. 1184]

Die zur Diskussion stehenden Messungen können anhand von Key-Performance-Indikatoren (KPI's), sogenannten Messindikatoren, vorgenommen werden. Dies wurde kurz im Kapitel 2.2 erwähnt. Mit Hilfe einer Balanced Scorecard (BSC) können diese Kennzahlen gemessen werden. Tabelle 3.8 erläutert die Balance Scorecard. Die Balance Scorecard ist stets im Zusammenhang mit der Vertriebsstrategie zu sehen.*[sinng. Buchta & Eul & Schulte-Cronnenberg 2009, S.129]*

Jenny hält hierzu fest, dass sich die einzelnen Schritte in Projekten abbilden lassen. Die BSC kann entweder in Jahresabschnitten oder auch, beispielsweise, in fünf Jahresabschnitten geplant werden. [sinng. Jenny, 2010, S. 98] Bezüglich der Online-Werbung kann die Analyse mittels der Google-Analysis erfolgen, die festhält, wie viele Personen von welcher Homepage jeweils auf die Tradeware-Homepage gelangen. Dieses Analyse-Tool ist bereits im Einsatz.

Nachfolgend werden einige potenzielle Massnahmen erläutert:

Tabelle 3-8: Balanced Scorecard [sinng. Homburg, 2012, S. 1219]

Finanzperspektive

Ziele	Messgrössen	Massnahmen	Zeitbezug
Erhöhung des Umsatzs der Engineered Systems und Appliances	Umsatzwachstum gegenüber Mitbewerbern	Marketing- Massnahmen einführen	Januar 2013

Prozessperspektive

Ziele	Messgrössen	Massnahmen	Zeitbezug
Optimierung des Marketing-Prozesses	Zeitdauer, bis eine Marketing-Massnahme umgesetzt wird	Einstellung einer Marketing-Person Auslagerung des Marketings an eine externe Firma	Dezember 2012

Kundenperspektive

Ziele	Messgrössen	Massnahmen	Zeitbezug
Gewinnung von Neukunden	Neukunden in drei Monaten	Marketing-Massnahmen	November 2012

Potenzialperspektive

Ziele	Messgrössen	Massnahmen	Zeitbezug
Schulungen der Mitarbeiter	CHF	Exadata-Installationen und Violin-Memory-Installation	Januar 2013

Die Balanced Scorecard kann individuell ausgebaut werden, je nachdem für welche Massnahmen sich das Management entscheidet.

Die strategische Planung wurde unter Kapitel 3.3 erläutert. Die strategische Ausrichtung liegt auf der Marktdurchdringungsstrategie und Marktentwicklungsstrategie. Natürlich sollte die strategische Ausrichtung immer wieder überprüft werden. Dasselbe gilt für die Boston-Consulting-Group-Methode, damit Veränderungen analysiert werde.

Der Umsatz von Engineered Systems und Appliances kann quartalmässig oder monatlich gemessen werden. Da diese Systeme meistens mit Projekten verkauft werden, ist die quartalsmässige Messung sinnvoller. Durch diesen Indikator lässt sich mittels mit der folgenden Formel berechnen, wie viel Prozent mehr an Engineered Systems oder an Appliances verkauft wurde. Das Resultat kann sodann den Marketingmassnahmen gegenübergestellt werden.

Umsatzsteigerung Formel:

$$\frac{2 \text{ Quartals Umsatz} - 1 \text{ Quartals Umsatz}}{1 \text{ Quartals Umsatz}} \times 100$$

Beispiel:

$$\frac{550'000 - 140'000}{140'000} \quad 2{,}92 \; 100 = 292.85$$

Damit wurde ein Mehrumsatz von 292.85% erreicht. Anhand einer solchen Messung lässt sich herausfinden, ob die Marketing-Massnahmen erfolgreich waren. Diese Überprüfung sollte regelmässig vorgenommen werden. [sinng. Thommen, 2008, S. 212 ff.]

Die strategische Planung wurde unter Kapitel 3.3 erläutert. Die strategische Ausrichtung bleibt bei der Marktdurchdringungsstrategie und Marktentwicklungsstrategie. Natürlich sollte die strategische Ausrichtung immer wieder überprüft werden. Ebenso sollte auch die Boston-Consulting-Group-Methode immer wieder durchgeführt werden, damit allfällige Veränderungen wahrgenommen und analysiert werden können.

3.7 Fazit

Es wurde der ganze Marketing-Problemlösungsprozess durchgespielt. Dabei wurden die Stärken und Schwächen, die Chancen und Risiken der Firma Tradeware offengelegt. Anhand konkreter Marketing-Massnahmen und der entsprechenden Methoden wurde aufgezeigt, wie Neumärkte erschlossen werden können. Die genannten Massnahmen wurden in kurzfristige und langfristige Massnahmen unterteilt. Welche Massnahmen sich als die besten erweisen, lässt sich durch das Controlling des Marketings überprüfen.

Die Strategie der Markterweiterung und Marktdurchdringung wird sich im Verlaufe der kommenden zwei Jahre wohl kaum ändern. Eine Strategie wird jedoch jedes Jahr überprüft und – gemeinsam mit den dazugehörigen Methoden und Instrumenten – allenfalls neu angepasst. Aus diesem Grund ist Flexibilität auch beim Marketing erwünscht, damit rasch auf den Kunden bzw. Markt eingewirkt werden kann. Die schliesslich definierten Kosten beruhen auf Annahmen und müssen im Detail noch verifiziert werden. Anhand einer Balance Scorecard können die entsprechenden Massnahmen überprüft und allenfalls angepasst werden.

4 Interview

Es gibt zwei unterschiedliche Interviewtypen. Unterschieden wird zwischen dem journalistischen Interview, das dem öffentlichen Interesse dient und allenfalls auch unangenehme Tatsachen ans Licht bring, sowie dem Experteninterview, das rein sachliche Aspekte abklärt. Beim Experteninterview ist die Vorgehensweise konstruktiv, und die Fragen richten sich nie gegen den Befragten, das heisst, beim Experteninterview steht nicht die Person, sondern der Sachverhalt im Vordergrund. Ein Experteninterview funktioniert nur, wenn der Experte im Interview ein kompetenter Gesprächspartner ist. Entsprechend ist es wichtig, dass die im Interview verwendeten Fachausdrücke und getroffenen Grundaussagen dem Interviewer bekannt sind. In einem Experteninterview gibt es sowohl geschlossene als auch offene Fragen. Geschlossene Fragen sind vorgegeben und erlauben eine einfache Beschreibung, damit stellen sie für den Befragten eine Art Erholung dar. Bei offenen Fragen ist keine Antwortkategorie vorgesehen, sie lösen eine freie Rede aus und gewähren Einblick in die spezifische Relevanzstruktur des Problemfeldes. [sinng. Mieg, 2007, S. 5 ff.]

4.1 Kunden Interview

Die Interviewfragen wurden den Kunden schon im Voraus bekannt gegeben. Markus Schäublin ist Eidg. dipl. Wirtschaftsinformatiker und ist als Solution Sales-Spezialist für die Oracle Schweiz tätig. Der zweite Interviewpartner, Herr S.P., arbeitet bei einer Telecomfirma. Der dritte Kunde, Herr P.B., ist bei einer Schweizer Privatbank angestellt. Alle drei Kunden bzw. Interviewpartner besitzen bereits Engineered-Systeme. Die vollständigen Interviews können im Anhang nachgelesen werden (siehe Anhang E Interview).

4.2 Zusammenfassung der Interviews

Es wurden insgesamt drei Interviews durchgeführt. Das erste Interview fand mit Herrn Markus Schäublin von der Oracle Schweiz statt. Herr Schäublin richtete den Fokus auf die Oracle-Produkte sowie auf die diversen Kundenprobleme. Markus Schäublin sieht klar, dass das Engineering der einzige Weg ist, um die Performance der Systeme zu verbessern und die Komplexität zu verringern. Nur mit diesem Engineering-Ansatz können, so Schäublin, Zeit, Kosten und Qualität eingehalten werden.

Der Kunde S.P. vertritt den Datenbankkonsolidierungsansatz. Er hatte auf Oracle gesetzt und wurde durch das Exadata positiv überrascht. Einen weiteren Kauf von Engineered Systems sieht er jedoch nur begrenzt. Gemäss Herr S.P. wird sich die IT-Strategie der Kunden im Verlauf der kommenden Jahre kaum ändern. Was die Reseller betrifft, hält er den Zusatznutzen für gering. Als Kunde war er mit dem Reracking jedoch sehr zufrieden.

Im Gespräch mit dem Vertreter einer Privatbank ging es hauptsächlich um Performance-Probleme, welche dank des Einsatzes eines Exadata gelöst werden konnten. Die IT-Strategie wurde, so der Privatbankier, noch nicht beeinflusst, allerdings werden, so dessen Hypothese, diese Systeme immer mehr in den Vordergrund rücken. Mit einem starken Reseller, der Kundennähe beweist, ist die Privatbank zufrieden. Sie hätten, so hält der Privatbankier fest, auch die Installation über die Firma Tradeware machen lassen, wenn Oracle dies erlaubt hätte. Die Bank werde auch in Zukunft mit einem starken Reseller-Partner zusammenarbeiten.

5 Beantwortung der Zentralen Fragestellung

Nachfolgend werden die zentralen Fragestellungen beantwortet:

* Welche Marketingmethoden gibt es und welche eignen sich, um neue Märkte mit Appliances bzw. Engineered Systems zu erschliessen?

Der Marketing-Problemlösungsprozess wurde als Marketingmethode verwendet, um Marketingmassnahmen bezüglich der Erweiterung von neuen Märkten treffen zu können. Dabei wurden die verschiedenen Marketing Instrumente definiert. Die verschiedenen Marketing-Methoden und -Massnahmen wurden unter Kapitel 3.4 Marketing-Mix erläutert. Nur die Kombination diverser Massnahmen und Methoden kann eine effiziente Marketing-Strategie umgesetzt werden. Es werden sicherlich mehrere Monate vergehen, bis die einzelnen Massnahmen greifen. Auch bei den Kunden sollte aktive Werbung – beispielsweise die Messpakete mit Benchware zusammen – gemacht werden. Sobald es zu einem Ex-Cite-Traning kommt, ist der erste Schritt in Kundenrichtung getan. Jetzt muss nur noch das C-Level-Management von der Strategie überzeugt werden.

Wie unter Kapitel 3.5.1.2 erläutert, sollten die langfristigen Massnahmen umgesetzt werden. Mit den genannten drei Events könnten auf einfache Art und Weise Neukunden angegangen werden, und es könnte deren Aufmerksamkeit auf Engineered Systems und Appliances gelenkt werden.

* Wie haben Appliances bzw. Engineered Systems die IT-Strategie unserer Kunden beeinflusst, und welche Auswirkungen hat diese Beeinflussung auf die Reseller?

Diese Frage lässt sich nur anhand der durchgeführten Interviews beantworten (siehe Anhang E Interview). In der Literatur (siehe Kapitel 2.2) wurden die theoretischen Grundlagen hierzu erläutert. Die meisten IT-Strategien werden nicht innert eines Jahres angepasst. Wie die Herren S.P. und P.B. festhalten, ist die IT-Strategie zwar beeinflusst, noch nicht aber angepasst worden. Der Einsatz dieser Systeme wird allerdings bei den neuen Projekten geprüft. Es werden wohl noch ein bis drei Jahre vergehen, bis sich die IT-Strategie bezüglich Appliances und Engineered Systems nachhaltig verändern wird. Natürlich muss auch die Möglichkeit in Betracht gezogen werden, dass sich diese Systeme nicht durchsetzen werden und bloss Insellösungen in einem Rechenzentrum bleiben.

Auch bezüglich der Reseller gibt es Veränderungen. Es sollte in Zukunft möglich sein, selber Exadata's und Violin-Memory-Systeme zu installieren. Ein solches Vorgehen muss jedoch mit dem Hersteller vertraglich geregelt werden. Die Firma Tradeware ist angehalten, den Hauptfokus auf die Dienstleistung zu setzen, ansonsten die Firma durch einen anderen Reseller leicht ausgetauscht werden kann. Wie Herr S.P. erwähnt, sieht er den Zusatznutzen eines Resellers nur selten. Mit den aufgezeigten Marketingmassnahmen werden auch die Dienstleitungen ausgebaut, und es entsteht eine grössere Kundenbindung. Herr P.B. sieht beim Reseller einen grösseren Zusatznutzen. Er hält fest, dass durch die gute Reseller-Betreuung während der Vorbereitungsphase viel Zeit und Geld gespart werden konnte.

6 Schlussfolgerung

6.1 Handlungsempfehlung

Die zum Verkauf von Engineered-Systemen und Appliances vorliegend getätigten Überlegungen machen sowohl dem Verkäufer als dem Management deutlich, dass sich diese Systeme nicht einem Server gleich verkaufen lassen. Mit Rückgriff auf die entsprechende Fachliteratur wurde gezeigt, wie ein Kunde seine IT-Strategie und Plattformstrategie plant. Im Marketing-Problemlösungsprozess wurde ein gesamtes Marketingkonzept aufgezeigt. Die hierzu nötigen Marketingmethoden und Marketingmassnahmen wurden erläutert. Durch die genannten Marketing-Events und die Messpakete mit Benchware sollen Neukunden gewonnen werden und eine Kundenbindung entstehen. Das Management muss die Umsetzung der Marketing-Strategie nur noch genehmigen. Die kurzfristigen Massnahmen können zwar rasch umgesetzt werden, jedoch wird die Wirkung nicht sofort eintreffen. Die Klimaanlage sollte nur ersetzt werden, wenn das Test-Exadata der Tradeware nicht verkauft wird. Wenn die Events einen Erfolg verzeichnen, könnten sie im Folgejahr wieder durchgeführt werden. Ob ein Marketingexperte mit 40% eingestellt werden soll, oder ob diese Verantwortung extern ausgelagert wird, muss mit der Geschäftsleitung diskutiert werden.

Nach dem Gesagten schlage ich vor, alle Marketingmassnahmen von dem errechneten Budget in der Höhe von CHF 82'180.-, zu genehmigen. Diese Kosten nehmen sich auf den ersten Blick hoch aus, sie basieren allerdings auf blossen Annahmen, so dass es durchaus möglich ist, dass sie sich noch ein wenig senken. Anhand eines Google-Rankings können die Marketing-Online-Massnahmen analysiert werden. Mit Hilfe der Balance Scorecard können diese Massnahmen sodann überprüft und bewertet werden. Ich empfehle der Geschäftsleitung die Einstellung einer Person, welche für die Umsetzung der Marketingmassnahmen verantwortlich ist.

6.2 Persönlicher Rückblick

Die Erstellung der vorliegenden Diplomarbeit erwies sich für mich als sehr aufschlussreich. Die in der vorhandenen Fachliteratur erläuterten Lösungsvorschläge konnte unmittelbar in die Problemlösung integriert werden. Im Rückgriff auf die Literatur war es mir möglich, strukturiert vorzugehen und einen die Arbeit prägenden roten Faden zu verfolgen. Sodann waren die drei durchgeführten Interviews mit den Kunden und Herstellern äusserst aufschlussreich. Die Gespräche machten deutlich, dass der Verkauf von Engineered Systems und Appliances ein grosses Marktpotenzial in sich birgt, das mit Hilfe der richtigen Marketing-Strategie ausgeschöpft werden kann. Im Falle einer Bewilligung der vorgeschlagenen Massnahmen verfolge ich gespannt den Markt, neugierig darauf, wie rasch sie greifen. Nach vier Monaten intensiver Auseinandersetzung mit der vorliegenden Thematik schaue ich nun stolz auf ein gelungenes Werk zurück.

A)Literaturverzeichnis

[Becker, 2000]

Becker, J. (2000). Marketing-Strategien: Systematische Kursbestimmung in schwierigen Märkten, München: Vahlen

[Braha, 2006]

Braha, D. (2006). Complex engineered systems: Science meets technology. Berlin: Springer

[Buchta & Eul & Schulte-Cronnenberg 2009]

Buchta, D. & Eul, M. & Schulte-Croonenberg, H. (2009). Strategisches IT-Management: Wert steigern, Leistung steuern, Kosten senken. Wiesenbaden: Gabler

[Busch & Fuchs & Unger, 2008]

Fuchs, W. & Busch R. & Unger F. (2008). Strategie, Organisation, Instrumente. 4. Aktualisierte Auflage, Wiesbaden: Gabler

[Crameri, 2010]

Crameri, M. (2010). Erfolgreiches IT-Management in der Praxis: Ein CIO-Leitfaden. Wiesbaden: Vieweg + Teubner

[Dern, 2009]

Dern, G. (2009). Management von IT-Architekturen: Leitlinien für die Ausrichtung, Planung und Gestaltung von Informationssystemen. 3 durchgesehene Auflage, Wiesbaden: Vieweg

[Dilys, 2005]

Dilys, P. (2005). Oxford Business English Dictionary. Aktualisierte Auflage, Oxford: Oxford University

[Drozd, 2011]

Drozd M. (2011). *How fast is the Exadata really (EN 1.5).pptx*, Thalwil, Firma Benchware AG

[Durst, 2007]

Durst, M. (2007). Wertorientiertes Management von IT-Architekturen. Wiesenbaden: Deutscher Universitäts-Verlag

[Gadatsch, 2005]

Gadatsch, A. (2005). : IT-Controlling realisieren: Praxiswissen für IT-Controller, CIOs und IT-Verantwortliche, Wiesbaden: Vieweg

[Greenwald, 2011]

Greenwald, R. (2011). Achieving Extreme Performance with Oracle Exadata. Amerika: McGraw-Hill Companies Inc

[Hanschke, 2010]

Hanschke, I. (2010). Strategisches Management der IT-Landschaft: ein praktischer Leitfaden für das Enterprise-Architecture-Management, 2. Aktualisierte Auflage, München: Hanser

[Homburg, 2012]

Homburg, Ch. (2012). Marketingmanagement: Strategie- Instrumente – Umsetzung - Unternehmensführung, 4. Aktualisierte Auflage, Wiesbaden: Gabler

[Jenny, 2010]

Jenny, B. (2010). Projektmanagement - Das Wissen für den Profi. 2. erweiterte Auflage, Zürich: vdf Hochschulverlag AG an der ETH Zürich

[Keller, 2007]

Keller, W. (2007). IT-Unternehmensarchitektur: von der Geschäftsstrategie zur optimalen IT-Unterstützung, Heidelberg: dpunkt Verlag

[Keuper, 2010]

Keuper, F. (2010). Innovatives IT-Management : Management von IT und IT-gestütztes Management. Saarbrücken: Gabler

[Kotler & Armstrong & Saunders & Wong, 2007]

Kotler, Ph. & Armstrong, G. & Saunders, J & Wong, V. (2007). Grundlagen des Marketing. 4. aktualisierte Auflage, München: Pearson Studium

[Kotler & Keller & Bliemel, 2007]

Kotler, Ph. & L. Keller, K. & Bliemel, F. (2007). Marketing-Management: Strategien für wertschaffendes Handeln. 12. aktualisierte Auflage, München: Pearson Studium

[Krüger & Sellmann-Eggebert, 2003]

Krüger, S. & Sellemann-Eggebert, J. (2003). IT-Architketur-Engineering. Bonn: Galileo Computing

[Kuss & Kleinaltenkamp, 2011]

Kuss, A. & Kleinaltenkamp M. (2011). Marketing-Einführung: Grundlagen – Überblick – Beispiele. 5. Aktualisierte Auflage, Wiesbaden: Gabler

[Kühn & Pfäffli, 2007]

Kühn, R. & pfäffli P. (2007). Marketing: Analyse und Strategie. 12. Auflage, Zürich: Werd

[Lauden & Schoder 2009]

Lauden, K., Lauden J., Schoder D. (2009). Wirtschaftsinformatik – Eine Einführung. 2. aktualisierte Auflage, München: Pearson Studium

[Lauden 2010]

Lauden, K., Lauden J., (2010. Management Information Systems, New Jersey: Pearson Studium

[Matys, 2011]

Matys, E. (2011). Dienstleistungs-marketing: Kunden finden, gewinne und binden-mit Leitfagen zum Marketingkonzept. 3. Auflage, München: Redline Verlag

[Meffert & Burmann & Kirchgeorg, 2009]

Meffert, H. & Burmann Ch. & Kirchgeorg M. (2009). Marketing Arbeitsbuch: Aufgaben - Fallstudien - Lösungen. 10. Aktualisierte Auflage, Wiesbaden: Gabler

[Michel & Oberholzer Michel, 2011]

Michel, S. & Oberholzer Michel, K. (2011). Marketing: Eine praxisorientierte Einführung mit zahlreichen Beispielen, Zürich: Compendio

[Mieg, 2007]

Mieg, Harald A. & Näf, Matthias (2005): Experteninterviews in den Umwelt- und Planungswissenschaften. Eine Einführung und Anleitung. Eidgenössische Technische Hochschule Zürich. In: http://www.mieg.ethz.ch/education/Skript_Experteninterviews. pdf (16.06.2012)

[Oracle 1, 2012]

(2011) 1-04b - Engineered Systems Architecture..pdf (2011). o.O: Oracle

[Oracle.com 2, 2012]

http://www.oracle.com/us/corporate/welcome/index.html Version 1. Juli 2011 um 15:42 Uhr

[Oracle.com 3, 2012]

http://www.oracle.com/us/products/database/exadata/database-machine-x2-8/overview/index.html Version 1. Juli 2011 um 19:42 Uhr

[Oracle.com 4, 2012]

http://www.oracle.com/us/products/database/database-appliance/overview/index.html Version 1. Juli 2011 um 19:55 Uhr

[Oracle 5, 2011]

01 - DB machine and Exadata introduction and hardware.pdf (2011). o.O: Oracle

[Oracle 6, 2011]

01-02 What Is Ex-Cite v2.05.pdf (2011). o.O: Oracle

[Scheck, 2008]

Scheck, A. (2008). Standartdisierungsansätze im IT-Management zur Sicherstellung der Wirtschaftlichkeit in IT-Organisationen. Wiesbaden: Dr. Müller

[Schmidt, 2009]

Schmidt, C. (2009). Management komplexer IT-Architekturen: Empirische Analyse am Beispiel der internationalen Finanzindustrie, Wiesbaden: Gabler

[Schmidt, 2011]

Schmidt, G. (2011). Marketing Management. 4. Aktualisierte Auflage, New Jersey: Person Studium

[Schönbächler & Pfister, 2011]

Schönbächler, M. & Pfister, C. (2011). IT-Architektur: Grundlagen, Konzepte und Umsetzung, Monsenstein: MV-Verlag

[Thommen, 2008]

Thommen, J. (2008). Managementorientierte Betriebswirtschaftslehre. 8. überarbeitet und erweiterte Auflage, Zürich: Versus Verlag AG

[Tiemeyer, 2007]

Tiemeyer, E. (2007). IT-Strategien entwickeln, IT-Architekturen planen: IT als Wertschöpferungsfaktor. 1 Auflage, Haag: Verlag für Wissenschaft und Technik

[Tiemeyer, 2011]

Tiemeyer, E. (2011). Handbuch IT - Management. 4. überarbeitete und erweiterte Auflage München: Carl Hanser Verlag

[Tradeware, 2011]

Service Uebersicht v1.pdf. (2011). Thalwil: Firma Tradeware

[Tradeware, 2012]

Proof_of_concept_vorlagen.pdf. (2012). Thalwil: Firma Tradeware

[Varughese, 1998]

Varughese, R. (1998). Handbuch IT-Management, Boon: MITP-Verlag

[Violin-memory.com 1]

http://www.violin-memory.com/company/ Version 1. Juli 2012 um 15:52 Uhr

[Violin-memory.com 2]

http://www.violin-memory.com/products/6000-flash-memory-array/ Version 1. Juli 2012 um 18:00 Uhr

[Weisman, 1991]

Weisman, A. (1991). Marketing-Strategien: 10 Stufen zum Erfolg. 3. Auflage, Landsberg: Verlag Moderne Industrie

[Winner & Dhar, 2009]

Winner, R. & Dhar R. (2009). Organisation und Business Analysis- Methoden und Techniken. 14. Aktualisierte Auflage, Giessen: Dr. Götz Schmidt

[Zollondz, 2012]

Zollondz, H. (2012). Marketing-Mix: Vom klassischen Marketing zum Internetmarketing. 4. Auflage, Mannheim: Cornelsen Scriptor

B) Abbildungsverzeichnis

C) Tabellenverzeichnis

D)Glossar

Bottleneck	Flaschenhals
Business Case	Geschäftsszenario
C-Level Management	Geschäftsleitung
Database Server	Datenbank Server
Engineered System	Konstruiertes System
Exadata	Exadata ist ein engineered System, welches Hardware und Software von Oracle vereint.
Informationssysteme	Systeme die Informationen verarbeiten oder speichern
Insourcing	Wiedereinlagerung
Konsolidierung	Zusammenfügung
Machbarkeitsstudie	Überprüfung ob die Umsetzung eines Projekts möglich ist
Middleware	Zwischenanwendung oder Vermittlungssoftware
Outsourcing	Auslagerung
PoC	Proof of Concept
RAID	Redundante Anordnung unabhängiger Festplatten
Reseller	Wiederverkäufer oder Vertriebspartner
Stakeholder	Interessengruppen, die Anspruch auf ein Unternehmen haben
Storage Cell	Festplatten Speicher-System
Supportet	Unterstützt
SWOT	Strengths (Stärken), Weaknesses (Schwächen), Opportunities (Chancen) und Threats (Risiken)

E) Anhang

I. Interview Fragen

i. Einleitung / Kundenwissen für Marketing Erhebung

Wie sind Sie auf Engineered Systems oder Appliances aufmerksam geworden?

In welchem Bereich von Ihrem Unternehmen können Sie die Vorteile von Engineered Systems oder Appliances erkennen und wo werden diese eingesetzt?

War es Ihnen im Vorfeld bewusst, dass Sie durch diese Systeme Kosten sparen können?

Wenn ja, wie haben Sie diese berechnet?

Falls Sie eine ROI und TCO Auswertung erstellt haben, hat sie Ihre Erwartungen bewahrheitet?

War es Ihnen im Vorfeld bewusst, dass Sie damit die Engineeringkosten, Betriebskosten, Wartungskosten und Lizenzkosten verbessern können?

Hatten Sie unerwartete Schwierigkeiten bei der Einbindung von diesen Systemen, mit welchen Sie im Vorfeld nicht gerechnet haben?

Haben Sie mit Reseller zusammen gearbeitet?

Welchen Nutzen konnten Sie daraus ziehen?

Welche Erwartungen haben sie in das Leistungsangebot der Reseller?

ii. Strategie

Hat die IT-Strategie auch einen zentralen Zusammenhang mit der Plattform-Strategie?

Wie hat ein Engineered System seit dem Zeitpunkt der Entscheidung in Ihrer IT Strategie gepasst?

Hat die Einführung von Engineered Systems oder Appliances mittlerweile ihre IT-Strategie beeinflusst?

Ja-> Wie hat dies Ihre Plattform Strategie beeinflusst?

Wie lange dauert die Implementierung eines kommerziellen Systems?

War dies ein Grund auf ein Engineered Systems oder Appliance zusetzen?

Wie werden neue Technologien ausgewählt bzw. ausgesucht?

Wie werden bei Ihnen diese Systeme als Firmen Standards definiert, wenn nicht bleiben diese Insel Lösungen und werden somit aussterben mit der Zeit?

Wurde die Konkurrenz der anderen Hersteller auch genau analysiert oder verglichen?

(Netezza, Terradata, Violin, Hanna SAP)

Welche Hersteller haben sie in Betracht gezogen?

Wurde eine Evaluation durchgeführt, wenn ja unter welchen Kriterien?

Wie haben die Appliances oder Engineered Systems ihre Informatik verändert?

iii. Abschlussfragen

Wie sehen sie die Zukunft bezüglich Engineered Systems und Appliances?

Was würden Sie jemandem raten der vor derselben Herausforderung steht?

Haben Sie noch wichtige Ergänzungen die Sie stellen möchten?

II. Interview mit Markus Schäublin

Dieses Interview wurde am 19 Juli 2012 mit Markus Schäublin (eidg. dipl. Wirtschaftsinformatiker) durchgeführt. Markus Schäublin arbeitet bei Oracle als arbeitet Solution Sales Specialist. Einige Fragen sind kundenspezifische Fragen und können nur von den Kunden beantwortet werden.

i. Einleitung / Kundenwissen für Marketing Erhebung

Wie sind Sie auf Engineered Systems oder Appliances aufmerksam geworden?

Muss von den Kunden beantwortet werden.

In welchem Bereich Ihres Unternehmens können Sie die Vorteile von Engineered Systems oder Appliances erkennen und wo werden diese eingesetzt?

Es ist eine Optimierung der Infrastruktur, was spezifisch in einem Datacenter umgesetzt wird. Auch im LifeCycle Management ergeben diese Systeme einen enormen Vorteil. Durch die Standardisierung werden auch weniger Fehler im Patching Bereich anfallen. Ein weiterer Vorteil ist sicherlich, wenn eine hohe Anzahl von I/Op's (Transaktionen) durchgeführt werden muss. In diesem Bereich sind diese Systeme unschlagbar, da sie Perfekt aufeinander abgestimmt sind.

War Ihnen im Vorfeld bewusst, dass Sie durch diese Systeme Kosten sparen können?

Den meisten Kunden ist dies im Vorfeld noch nicht bewusst, denn die Kunden hatten seit mehreren Jahren den traditionellen Ansatz: Server von HP, Storage von Netapp und Netzwerk von Cisco. Der Engineering Ansatz ist hier komplett anders, da alle Komponenten aufeinander abgestimmt sind.

Wenn ja, wie haben Sie diese berechnet?

Muss von den Kunden beantwortet werden.

Falls Sie eine ROI und TCO Auswertung erstellt haben, hat sie Ihre Erwartungen erfüllt?

Muss von den Kunden beantwortet werden.

War es Ihnen im Vorfeld bewusst, dass Sie damit die Engineeringkosten, Betriebs-kosten, Wartungskosten und Lizenzkosten verbessern können?

Dies wird den Kunden bei einem Ex-Cite-Training erläutert.

Hatten Sie unerwartete Schwierigkeiten bei der Einbindung von diesen Systemen, mit welchen Sie im Vorfeld nicht gerechnet hatten?

Es gab anfangs sicherlich Einführungsprobleme bei den einen Kunden, Noch nicht alle Prozesse seitens Oracle waren genaustens abgebildet oder der Kunde hatte falsche Erwartungen. Ein Beispiel war, dass der Kunde gedacht hatte, dass Oracle auch noch den Applikationsserver an ein Exadata anbindet und dann alles automa-tisch läuft. Für den Applikationsserver ist der Kunde jedoch selber verantwortlich. Diese Prozesse sind jedoch heute alle genaustens abgebildet, um solche Probleme auszuschliessen.

Haben Sie mit Reseller zusammen gearbeitet?

Es dürfen nur sogenannte Top-Reseller oder Platinum / Gold, die eine spezielle En-gineered Systems Ausbildung haben, solche Systeme verkaufen.

Welchen Nutzen konnten Sie daraus ziehen?

Muss von den Kunden beantwortet werden.

Welche Erwartungen haben Sie an das Leistungsangebot der Reseller?

Muss von den Kunden beantwortet werden.

ii. Strategie

Hat die IT-Strategie auch einen zentralen Zusammenhang mit der Plattform-Strategie?

Muss von den Kunden beantwortet werden.

Wie hat ein Engineered System seit dem Zeitpunkt der Entscheidung in Ihrer IT Strategie gepasst?

Muss von den Kunden beantwortet werden.

Hat die Einführung von Engineered Systems oder Appliances mittlerweile Ihre IT-Strategie beeinflusst?

Die einen Firmen haben ihre Plattform-Strategie bereits angepasst. Diese Firmen haben jedoch bereits mehrere Appliances und Engineered Systems.

Ja-> Wie hat dies Ihre Plattform-Strategie beeinflusst?

Wie lange dauert die Implementierung eines kommerziellen Systems?

Hier gab es bei einigen Kunden Missverständnisse ab wann die Implementierung abgeschlossen ist. Bis das System Appliaction ready ist, braucht es immer eine gewisse Zeit.

War dies ein Grund auf ein Engineered System oder Appliance zu setzen?

Die meisten Kunden haben Bottle neck oder brauchen mehr I/O Transaktionen oder müssen Ressourcen sparen. Es gibt auch Gründe für Raum-, Platz- oder Datenbank-Konsolidierungen. Die Probleme oder Ausgangslage ist bei den meisten Kunden individuell.

Wie werden neue Technologien ausgewählt bzw. ausgesucht?

Muss von den Kunden beantwortet werden

Werden bei Ihnen diese Systeme als Firmenstandards definiert? Wenn nicht: bleiben diese Insellösungen und werden somit mit der Zeit aussterben?

Muss von den Kunden beantwortet werden

Wurde die Konkurrenz der anderen Hersteller auch genau analysiert oder verglichen?

(Netezza, Terradata, Violin, Hanna SAP)

Die meisten Kunden vergleichen ein Exadata auch mit EMC, dieser ist jedoch nur ein Storage Hersteller.

Welche Hersteller haben sie in Betracht gezogen?

Meistens werden HP, IBM, EMC und HDS in Betracht gezogen.

Wurde eine Evaluation durchgeführt? Wenn ja, unter welchen Bedingungen?

Die meisten Firmen führen kein PoC durch, da dies sehr aufwendig und teuer ist.

Wie haben die Appliances oder Engineered Systems Ihre Informatik verändert?

Diese Systeme haben bzw. werden die Informatiklandschaft sehr verändern, da es ein komplett neuer Ansatz ist. Die Ressourcen wachsen und das Daily Business sollte aufrecht erhalten werden. Ein Kunde meinte nach der Einführung eines Exadata Systems, dass die Informatiker jetzt endlich Zeit für das Daily Business haben.

iii. Abschlussfragen

Wie sehen Sie die Zukunft bezüglich Engineered Systems und Appliances?

Dies ist der einzige Weg, um die Kosten zu senken und die Performance zu steigern. Auch die Wartungskosten können durch diese Systeme gesenkt werden. Eine

Performance- Verdoppelung ist nur möglich, wenn die CPU Technology keinen so grossen Sprung mehr machen kann wie vor 15 Jahren.

Was würden Sie jemandem raten, der vor derselben Herausforderung steht?

Das Ganze organisieren und eine Vorbereitungsphase erstellen.

Haben Sie noch wichtige Ergänzungen?

Der Service Gedanke und die Business Bedürfnisse.

III. Interview mit S.P (Telekommunikationsunternehmen)

Dieses Interview wurde am 6. August 2012 mit S. P. durchgeführt. S. P. arbeitet bei einem Telekommunikationsunternehmen.

i. Einleitung / Kundenwissen für Marketing Erhebung

Wie sind Sie auf Engineered Systems oder Appliances aufmerksam geworden?

Herr P. war am 2009 an der Open World und wurde auf das Exadata aufmerksam.

In welchem Bereich Ihres Unternehmens können Sie die Vorteile von Engineered Systems oder Appliances erkennen und wo werden diese eingesetzt?

Bis jetzt wird das Exadata nur einmal eingesetzt, im OLTP Umfeld. Ein Vorteil ist sicherlich der Sinngel Point of contact, zudem werden Standardtechnologien eingesetzt, was andere Hersteller auch verwenden. Jedoch lässt der Support bei Oracle noch zu wünschen übrig.

War Ihnen im Vorfeld bewusst, dass Sie durch diese Systeme Kosten sparen können?

Im Vorherein wussten wir noch nicht, ob wir Kosten sparen können. Im Bereich Datenbank- Lizenzierung konnten Kosten gespart werden, jedoch werden diese Lizenzen einfach an einer anderen Stelle gebraucht.

Wenn ja, wie haben Sie diese berechnet?

Es wurde bezüglich Energiekosten eine Berechnung erstellt (Strom- und Klimakosten). Dort konnte eine Ersparnis von CHF 50'000 festgestellt werden.

Falls Sie eine ROI und TCO Auswertung erstellt haben, hat sie Ihre Erwartungen erfüllt?

Oracle hat dies erstellt, jedoch war dies nicht entscheidend für den Kauf. Es wurden auch keine anderen Hersteller angeschaut, da wir bezüglich Performance entschieden haben und alles aus einem Hersteller. Die finanziellen Gründe waren nicht im Vordergrund.

War Ihnen im Vorfeld bewusst, dass Sie damit die Engineeringkosten, Betriebskosten, Wartungskosten und Lizenzkosten verbessern können?

Die Betriebskosten konnten bis jetzt noch nicht gesenkt werden, evt. in eine oder zwei Jahren könnte man eine Aussage bezüglich Betriebskosten machen. Wie erwähnt, Energie- und Lizenzkosten konnten eingespart werden. Wartungskosten sind ca. auf der gleicher Höhe, evt. sind die Wartungskosten sogar leicht gestiegen.

Hatten Sie unerwartete Schwierigkeiten bei der Einbindung dieser Systeme, mit welchen Sie im Vorfeld nicht gerechnet hatten?

Ja, der Einsatz von Fremdsoftware war nicht simpel. Bezüglich Backup gab es Probleme mit dem Client, da dies standardmässig auf allen Systemen ist.

Haben Sie mit Reseller zusammengearbeitet?

Nein wir haben mit Oracle direkt zusammengearbeitet, jedoch hat die Tradeware das Re-Rackging gemacht. Dies war äusserst professionell gelöst. Die Installation hat jedoch Oracle direkt gemacht.

Welchen Nutzen konnten Sie daraus ziehen?

Keinen grossen, da nur das Re-Racking durch die Firma Tradeware erbracht wurde.

Welche Erwartungen haben Sie an das Leistungsangebot der Reseller?

Dass diese einen Added Value (Zusatznutzen) bringen. Ansonsten kann man es direkt bei Oracle kaufen.

ii. Strategie

Hat die IT-Strategie auch einen zentralen Zusammenhang mit der Plattform-Strategie?

Die Strategie von Konsolidierung wird verfolgt, über alle Technologien. Durch das sollten auch alle Datenbank-Plattformen konsolidiert werden.

Wie hat ein Engineered System seit dem Zeitpunkt der Entscheidung in Ihre IT Strategie gepasst?

In dem Sinne nicht, jedoch gab es Differenzen mit einer Storage-Abteilung, da die Storages immer von dieser Abteilung geliefert und konfiguriert werden. Bei den Engineered Systems ist schon alles zusammen. Es gibt einen Abbau bei System Administratoren, dies ist die Gefahr.

Hat die Einführung von Engineered Systems oder Appliances mittlerweile Ihre IT-Strategie beeinflusst?

Nein bis jetzt noch nicht, man kann nicht nur eine Strategie haben und diese durchsetzen, da die Umgebung sehr heterogen ist. Je nach Einsatz können diese Systeme diese beeinflussen.

Ja-> Wie hat dies Ihre Plattform-Strategie beeinflusst? -

Wie lange dauert die Implementierung eines kommerziellen Systems?

Für unseren Fall ist es nicht schneller gegangen, da es eine spezielle Architektur gab. MHA (Maximum high availability) durch diesen Cluster war vieles komplizierter als bei einem Standard Exadata.

War dies ein Grund auf ein Engineered Systems oder Appliance zu setzen?

Nein, wir haben gewusst, dass es sowieso kompliziert wird. Der Grund war von Oracle 10g auf 11g zu migrieren und dass Oracle eine gute Plattform angeboten hat.

Wie werden neue Technologien ausgewählt bzw. ausgesucht?

Sehr unterschiedlich, je nach dem werden PoC gemacht anhand von Evaluations Projekten. Manchmal wird auch aus Erfahrung ausgewählt. Manchmal gehen wir auch ein Risiko wie bei Oracle und vertrauen dem Hersteller, je nach Projekt wird ausgesucht.

Werden bei Ihnen diese Systeme als Firmenstandards definiert, wenn nicht: bleiben diese Insellösungen und werden somit mit der Zeit aussterben?

Für gewisse Zwecke wird es Engineered Systems geben und für andere nicht. Intern gesehen ist es noch eine Insellösung, der Trend ist jedoch noch nicht absehbar. Jedoch wird es sicherlich in Zukunft mehr in Betracht gezogen.

Wurde die Konkurrenz der anderen Hersteller auch genau analysiert oder verglichen?

(Netezza, Terradata, Violin, Hanna SAP)

Nein wurde nicht angeschaut.

Welche Hersteller haben Sie in Betracht gezogen?

Keine anderen Hersteller

Wurde eine Evaluation durchgeführt, wenn ja unter welchen Kriterien?

In dem Sinne nicht, kommerzielle Verhandlungen. Es wurde nur evaluiert, ob es die Problemlösung abdeckt. Wie Performance und Konsolidierung

Haben die Appliances oder Engineered Systems Ihre Informatik verändert?

Nein.

iii. Abschlussfragen

Wie sehen Sie die Zukunft bezüglich Engineered Systems und Appliances?

Gut, da es mit dem neuen Support Vertrag möglich ist, dass Oracle alles übernimmt,, auch patching usw.

Was würden Sie jemandem raten, der vor derselben Herausforderung steht?

Datenbankmässig sollte man genau rechnen bezüglich Lizenzkosten. Es müssen viele Transaktion pro Sekunden gemacht werden, dass es sich lohnt. Ohne die Performance lohnt es sich nicht. Wir haben eine OLTP Datenbank auf dem Exadata installiert. Die Herausforderung ist auf Client Basis, dass diese mit den Applikationen umgehen können.

Haben Sie noch wichtige Ergänzungen?

Der Schwerpunkt müsste sein, was es auf den Kostenseiten für Einsparungen geben kann. Wenn man mit Betriebskosten argumentiert, müsste man beweisen, wie man Kosten sparen kann. Der LifeCycle der Plattform ist noch unbekannt, Oracle hat noch nichts bekannt geben. Minimal muss das System fünf Jahre halten. Bei vielen Einzelkomponenten könnte man schnellere LifeCycle machen. Bei einem Exadata kann nur durch einen weiteren Kauf das System vergrössert werden, was jedoch sehr teuer ist. Bei einem Engineered System ist es immer ein individuelles Projekt. Bei einem Standard Server, bei dem ein CPU upgrade vorgenommen wird, ist der Aufwand dementsprechend klein.

IV. Interview mit P.B (Privatbank)

Dieses Interview wurde am 6. August 2012 mit P.B. durchgeführt. P. B. arbeitet bei einer Privatbank.

i. Einleitung / Kundenwissen für Marketing Erhebung

Wie sind Sie auf Engineered Systems oder Appliances aufmerksam geworden?

Herr B. hat durch Oracle Schweiz das erste Mal von einem Exadata gehört.

In welchem Bereich Ihres Unternehmens können Sie die Vorteile von Engineered Systems oder Appliances erkennen und wo werden diese eingesetzt?

Sicherlich in der Datenbank-Infrastruktur. Die Core-Banking-Applikation hatte eine sehr lange Ladezeit. Die schlechte Abfrageperformance hatte zu hohem Supportaufwand in den Bereichen Tuning und manuelle Nachbearbeitung geführt. Diese Probleme konnten mit dem Exadata gelöst werden.

War es Ihnen im Vorfeld bewusst, dass Sie durch diese Systeme Kosten sparen können?

Wir hatten bezüglich Lizenzkosten und Betriebskosten angenommen, dass Geld gespart werden kann.

Wenn ja, wie haben Sie diese berechnet?

Oracle hat uns die ROI und TCO Auswertungen erstellt und ausgerechnet.

Falls Sie eine ROI und TCO Auswertung erstellt haben, hat sie Ihre Erwartungen erfüllt?

Die ersten vier Monate war der Betriebsaufwand um einiges höher als normalerweise. Nach elf Monaten kamen die Betriebskosten massiv herunter. Dies macht auch Sinn, denn eine Einführung eines neuen Systems braucht immer eine gewisse Zeit, bis die Kosten sich nach unten auswirken.

War Ihnen im Vorfeld bewusst, dass Sie damit die Engineeringkosten, Betriebskosten, Wartungskosten und Lizenzkosten verbessern können?

Wir wussten, dass wir die Lizenz-, Betriebs- und Wartungskosten verbessern können. Denn der Tuning und Nachverarbeitungsaufwand war viel zu gross, um dies noch länger so zu betreiben.

Hatten Sie unerwartete Schwierigkeiten bei der Einbindung von diesen Systemen, mit welchen Sie im Vorfeld nicht gerechnet hatten?

Es gab sicherlich ein, zwei Hürden, die wir nehmen mussten. Jedoch gab es keine grossen unerwarteten Probleme. Wir hatten uns auch dementsprechend gut vorbereitet.

Haben Sie mit Reseller zusammen gearbeitet?

Ja mit der Firma Tradeware, die haben einen hervorragende Arbeit geleistet.

Welchen Nutzen konnten Sie daraus ziehen?

Die Firma Tradeware hat uns beim Kauf und den Vorabklärungen immer unterstützt und konnte uns viele Fragen stets schnell und diskret beantworten.

Welche Erwartungen haben Sie in das Leistungsangebot der Reseller?

Dass die Reseller den Added Value bringen, den Oracle nicht bringen kann, da es eine sehr grosse Firma ist. Wenn ich ein Problem bzw. eine Frage habe und die Firma Tradeware anrufe, erwarte ich, dass diese schnellst möglich beantwortet wird. In einer Grossfirma kann dies meistens einige Tage dauern. Dies kann unter Umständen viel Zeit und Geld kosten.

ii. Strategie

Hat die IT-Strategie auch einen zentralen Zusammenhang mit der Plattform-Strategie?

Die IT-Strategie gibt die Vision bzw. den Pfad vor. Die Plattform-Strategie leiten wir danach auf dies ab. Jedoch kann die Plattform-Strategie je nach Projekt- und Einsatzgebiet variieren.

Wie hat ein Engineered System seit dem Zeitpunkt der Entscheidung in Ihre IT Strategie gepasst?

Eigentlich ganz gut, denn wir wollten ein System an dem wir nicht mehr tunen müssen, das schon engineered kommt und einen hohen Standard mit sich bringt. Nur so können die Kosten gesenkt werden und die Mitarbeiter haben wieder Zeit für das Wesentliche.

Hat die Einführung von Engineered Systems oder Appliances mittlerweile Ihre IT-Strategie

beeinflusst?

Nein, um die IT-Strategie zu beeinflussen, werden sicherlich noch ein paar Jahre vergehen. Jedoch denke ich auch, dass die Engineered Systems nicht für jeden Bereich optimal sind. Der Einsatz sollte immer genaustens geprüft werden.

Ja-> Wie hat dies Ihre Plattform-Strategie beeinflusst? -

Wie lange dauert die Implementierung eines kommerziellen Systems?

Für uns dauert die Implementierung eines normalen Server länger, da alles mit dem Storage, Netzwerk usw. abgestimmt werden muss. Jedoch gibt es dort schon die nötigen Dokumentationen. Die Lieferung war ab Bestellung nach sechs Wochen bei uns, was sehr schnell ist. Die Implementierung dauerte zwei Wochen, da wir noch einige Testdurchläufe ausführen mussten.

War dies ein Grund dafür, auf ein Engineered Systems oder Appliance zusetzen?

Der wesentliche Grund waren die langen Wartezeiten und dass wir nichts mehr tunen konnten, um dies zu verbessern.

Wie werden neue Technologien ausgewählt bzw. ausgesucht?

Dies geschieht unterschiedlich, wir hatten auf dem Markt nach High Performance Lösungen für Oracle Datenbanken gesucht., somit sind wir schnell auf das Exadata gestossen. Neue Technologien werden aber unterschiedlich ausgesucht, je nach Projekt.

Werden bei Ihnen diese Systeme als Firmenstandards definiert? Wenn nicht: bleiben diese Insellösungen und werden somit mit der Zeit aussterben?

Die Standards werden dann definiert, wenn es mehrere Lösungen in diesem Bereich in der Firma gibt. Somit könnte auch ein Exadata ein Firmenstandart werden. Jedoch sind wir eine kleine Privatbank und brauchen nicht zehn Exadata's.

Wurde die Konkurrenz der anderen Hersteller auch genau analysiert oder verglichen?

(Netezza, Terradata, Violin, Hanna SAP)

Nur Netezza wurde ins Auge gefasst. Da das Datawarehouse jedoch auf Oracle läuft, haben wir uns direkt entschieden, mit Oracle zusammenzuarbeiten.

Welche Hersteller haben Sie in Betracht gezogen?

Nur noch Netezza

Wurde eine Evaluation durchgeführt, wenn ja unter welchen Kriterien?

Nein, nur die TCO und ROI Berechnungen wurden von Oracle erstellt.

Wie haben die Appliances oder Engineered Systems Ihre Informatik verändert?

Es ist sicherlich ein Meilenstein, dass jetzt alle Reports und Auswertungen um das x-fache schneller laufen. Uns war nicht bewusst, dass der Unterschied derart gross sein wird.

iii. Abschlussfragen

Wie sehen Sie die Zukunft bezüglich Engineered Systems und Appliances?

Die Engineered Systems oder auch Appliances werden sicherlich einen immer grösseren Einfluss auf alle Firmen haben. Da nur so eine Performance Optimierung möglich ist und die Kosten im Rahmen bleiben.

Was würden Sie jemandem raten, der vor derselben Herausforderung steht?

Gute Vorbereitung bevor das System kommt.

Haben Sie noch wichtige Ergänzungen?

Ein Exadata ist kein günstiges System, deswegen muss auch der Einsatz sehr gut berechnet werden und die Vorbereitung ist auch sehr wichtig. Wenn diese Faktoren genau beachtet werden, lohnt sich dieser Entscheid.

F) DAS

Marketing-Strategie

Marketing-Strategie bezüglich Engineered Systems bzw.
Appliances für die Firma Tradeware

Diplomarbeitsstudie

Höhere Fachschule für Wirtschaftsinformatik

Verfasser/in:
Sandro Eggenberger

Eingereicht:
Zürich, 30.3.2012

An der:
Wirtschaftsinformatikschule Schweiz

Inhaltsverzeichnis

i. Begründung der Themenwahl

Die Firma Tradeware AG ist ein Oracle Hard- und Software Reseller, die Software und Server an diverse Gross- und Kleinunternehmen verkauft. Der Verkauf von Servern war in den letzten zwanzig Jahren ein lukratives Geschäft. Diese Einnahmequelle hat sich jedoch in jüngster Zeit markant verändert.

Durch den Wandel in der IT-Landschaft wurde der Firma Tradeware AG bewusst, dass beim Verkauf der Standard Server die Margen drastisch sinken und die Dienstleistungen hinter dem Produkt langfristig die lukrative Einnahme bilden werden. Veränderungen und Erneuerungen gehören heutzutage zum Geschäftsalltag. Der Wandel im technologischen Bereich hat auch finanzielle und personelle Folgen für die Firmen. Viele Kunden kennen zum Beispiel den Unterschied von konventionellen Servern und Engineered-Systems nicht. Engineered-Systems bzw. Appliances sind aufeinander abgestimmte Komponenten die Software und Hardware vereinen.

Die Firma Tradeware AG war in der Schweiz eine der Ersten, welche ein Engineered System für Proof of Concepts gekauft hat. Es war der Beschluss der Geschäftsleitung je länger je mehr auf Engineered Systems bzw. Appliances zu setzen und sich auf diese zu spezialisieren. Diese Systeme bringen für den Kunden sowie den Reseller gewisse Veränderugen. Diese haben einen direkten Einfluss auf unser Dienstleistungsangebot und auf das Marketing bzw. Verkauf. Auch die Account Manager sollten diese Systeme verstehen und sich am IT-Markt anpassen bzw. neu orientieren. Ein abgestimmtes System wirft oft viele Fragen auf oder bringt ein Projekt mit sich, was schlussendlich in einem Proof of Concept enden kann. Suboptimal für die Firma Tradeware AG ist ein reines Box-Moving ohne spezialisierte Dienstleistungen.

ii. Bezug zu Unterrichtsfächer

Es werden diverse Unterrichtsfächer in die Arbeit miteingebunden. Unterstützend werde ich meine Arbeit anhand der Projektmanagement-Theorie planen. Folgende Unterrichtsfächer werde ich miteinbeziehen:

- BWL
- Marketing
- Verkauf
- IT Strategie

iii. **Fragestellungen**

Ich möchte mich in meiner Diplomarbeit mit folgenden zentralen Fragestellungen auseinandersetzen:

- *Welche Marketingmethoden gibt es und welche eignen sich um neue Märkte mit Appliances bzw. Engineered Systems zu erschliessen?*

- *Wie haben Appliances bzw. Engineered Systems die IT-Strategie unserer Kunden beeinflusst und welche Auswirkungen hat dies auf die Reseller?*

iv. **Ziele und Absicht der Arbeit**

Es wird beabsichtigt, dass wir eine neue Marketing Strategie für die Firma Tradeware bezüglich Engineered Systems / Appliances entwickeln. In der Arbeit soll aufgezeigt werden, wo die Unterschiede zu herkömmlichen Servern liegen und welche Veränderungen diese mit sich bringen. Anhand dieser Erkenntnisse und mit Hilfe von Fachliteratur werden die optimalen Marketing Methoden ausgearbeitet. Die erarbeiteten Massnahmen werden dann der Geschäftsleitung vorgelegt.

Ziel der neuen Marketing Strategie ist es den generierten Umsatz pro Jahr um 30% zu steigern. Zudem sollen 10% mehr Neukunden pro Jahr gewonnen werden.

v. **Abgrenzung**

Keine Bestandteile in dieser Diplomarbeit sind:

- Produktevergleich unterschiedlicher Hersteller

- Kostenvergleich der unterschiedlichen Appliances bzw. Engineered Systems

vi. Arbeitsvorgehen und Planung

6.1 Informationsbeschaffung / Quellen

Für das Erarbeiten meiner Diplomarbeit, werde ich folgende Quellen benutzen:

* Firmeneigene Dokumente

* Oracle Dokumentationen (White Papers, Datasheets, Competency Center Guided Learning Path for Exadata)

* Interne Gespräche

* Interview mit Manfred Drozd (Managing Partner) und Costantinos Bourboulas (Exadata Consultant)

* Fach und Schulbücher

[Greenwald, 2011]
Greenwald, R. (2011). Achieving Extreme Performance with Oracle Exadata. Amerika: McGraw-Hill Companies Inc

[Jenny, 2010]
Jenny, B. (2010). Projektmanagement - Das Wissen für den Profi. 2. erweiterte Auflage, Zürich: vdf Hochschulverlag AG an der ETH Zürich

[Kotler, 2006]
Kotler, P. (2006). Grundlagen des Marketing. 4. aktualisierte Auflage, München: Person Studium

[Lauden, 2009]
Lauden, K. (2009. Wirtschaftsinformatik – Eine Einführung. 2. aktualisierte Auflage, München: Pearson Studium

[Thommen, 2008]
Thommen, J. (2008). Managementorientierte Betriebswirtschaftslehre. 8. überarbeitet und erweiterte Auflage, Zürich: Versus Verlag AG

6.2 Planung

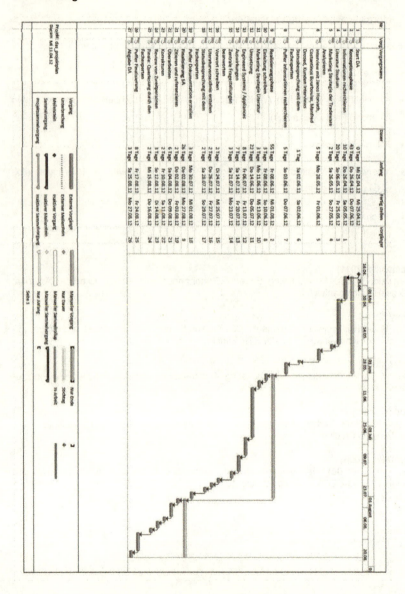

vii. Inhaltliche Gliederung der Diplomarbeit

Vorwort
Abstract
Verzeichnis der verwendeten Abkürzungen
Einleitung
    Firmenportrait der Firma Tradeware AG
    Ausgangslage
    Motivation
    Problemstellung
    Zielsetzung
    Abgrenzung
    Gliederung der Arbeit
Marketing
    Marketingstrategie
    Produktlebenszyklus
    Marketing-Mix
    Marktverteilung
Analyse der IST-Situation
    Produkt
    Kunde, Reseller, Hersteller
Umsetzung
    Produkt
    Kunde, Reseller, Hersteller
Beantwortung der zentralen Fragestellungen
Interview Zusammenfassung
    Schlussfolgerung
    Empfehlung
    Literaturverzeichnis
    Abbildungs- und Tabellenverzeichnis
    Glossar
    Stichwortverzeichnis
    Anhang
    Selbständigkeitserklärung
    Diplomarbeitsstudie